知的生きかた文庫

大人気クイズ作家が教える！
10秒雑学

日高大介

JN109240

三笠書房

はじめに

僕は「クイズ作家」というちょっと不思議な仕事をしています。

「そんな仕事があるの？」と思う方もいらっしゃるかもしれませんが、テレビやラジオから、雑誌やゲーム、ネットに至るまで、あらゆるメディアで多いときは1年で1万問程度の問題を作成しています。

『クイズプレゼンバラエティー Qさま!!』（テレビ朝日系）や『超逆境クイズバトル!! 99人の壁』（フジテレビ系）など、これまでに手掛けたクイズ番組は、特番を含めて70本近くに上ります。

また、あるときは「クイズ王」としてクイズに解答したり、あるときは『プロフェッショナル 仕事の流儀』（NHK）などのドキュメント番組でクイズ作家として密着取材をされたりなど、テレビ出演もしています。

特に多いお仕事は、タレントの皆さんと一緒にロケに出かけ、何か見つけたものをお題に、即興で雑学を披露したり、クイズを披露したりすること。瞬時の判断が求められるため大変ですが、そのぶん、その雑学がウケたとき、喜んでもらえたときのうれしさは格別です。クイズ作りと知識の伝え方——両方のノウハウを詰め込んだ、楽しい雑学本が本書です。

これまでに披露したネタの中から、共演者や視聴者の皆さんの反響が大きかったものを厳選しつつ、気軽に楽しく読み進めていただけるよう工夫しました。

それでは、この本の「三大特長」をご紹介します。

1．短く！　楽しく！　わかりやすく！「10秒雑学」

手軽さと楽しさを目指した本書の雑学は、文字数は長くて140字前後と、どのネタも10秒もあれば読めてしまいます。肩肘張らずTwitterなどを読む感覚で気軽に読み進めてください。

2. 日常生活の「あらゆる場面」を雑学に！

本書の雑学は、よくある「歴史」「科学」「スポーツ」などのジャンル分けではなく、「日常生活」や「身の回りにあるもの」を基準に分けてみました。

特に、月曜日の朝に起きて出勤してから、日曜日の夜に『サザエさん』を観て寝るまで、実際の暮らしになぞってネタを並べた2章と3章は本書のハイライト。

さらに、誰でも知っている「あの名前」のネーミングの秘密に迫ったり、1月から12月まで季節にちなんだネタを並べたり……知れば毎日がちょっぴり楽しくなる雑学が満載です。

3. 雑学ネタが「数珠つなぎ」に！

これが本書の一番の特長です。1つ1つの雑学は独立していますが、それらは「○○といえば～」「○○つながりで～」といった形で、次の雑学ネタにどんどんつながる仕掛けになっています。

たまに脱線することもありますが、一見まったく異なるジャンルの物事に、意外な共通点が見えてくることもあるはずです。

決して何かの役に立つわけではないところが、雑学のいいところ。どのネタも、「へぇ!」「そうなんだ!」という、知的好奇心をくすぐることができるように、僕も楽しく執筆させていただきました。

本書にある雑学で、ささやかな「!!」の快感を、1回でも多く味わっていただければ幸いです。

日高大介

もくじ

本文イラスト／シバチャン
本文DTP／株式会社 Sun Fuerza

1章

知識はつながる!
「雑学
数珠つなぎ」

ウケるネタを、
思いつくかぎりつなげていきます。

雑学数珠つなぎ

うまくいくかわかりませんが、一か八か書いていきます！

運を天に任せてやってみることを「一か八か」といいますが、これはサイコロ賭博の「丁か半か」の「丁」と「半」の漢字の上の部分をとって生まれた言葉だといわれています。

「運を天に任せる」で思い出されるのが、次の雑学。

Nintendo Switchなど多くのゲーム機を次々に生み出している「任天堂」。社名の由来については諸説ありますが、「人事を尽くして天命を待つ」、つまり「運を天に任せる」ことから「任天堂」になったとか。もともと花札やトランプの製造会社ですから、何やら因縁を感じますね。

では、再びテーマを「1」に戻します。

一円玉を製造するのにかかる費用は、約3円。

ここから、硬貨シリーズ。

「問題！　一円玉に描かれている木の種類は何？」というクイズには答えることができません。なぜなら正解がないから。あの木はバクゼンとした「若木」で、特定の木ではないのです。デザインは一般公募で選ばれ、どんな木にも成長してゆく姿に、伸びゆく日本の可能性が象徴されているそうです。

ちなみに、「一円玉に描かれている木に葉っぱは何枚？」という問題は、クイズの世界ではもはや常識となっています（正解は「8枚」）。

次は五円玉！

五円玉には「稲穂」が描かれていますが、よく見ると稲穂の下には複数の横線が引かれており、これは「水」を表しています。そして穴の周りには「歯車」が描かれています。これら3つは「農業」「水産業」「工業」を意味しているのです。

「五円玉に描かれている稲穂に米は何粒？」という問題も、クイズの世界ではもはや常識（正解は「27粒」）。次は十円玉！

コレクターも多い「ギザ十」。縁にギザギザのついた十円玉のことですが、なぜ昔の十円玉にはギザギザがついていたのでしょう？ その目的は、「最高額の硬貨であることを示す」ため。だから後に五十円玉や百円玉が登場すると、十円玉のギザギザが消えていったのです。

ギザギザがついているのは「ほかの硬貨と区別するため」「偽造防止のた

め」の理由もあるようです。次は五十円玉！

五十円玉や五円玉に穴があいているのは、ギザギザと同様に「ほかの硬貨との区別」「偽造防止」が主な理由ですが、実はコッソリ「原材料を節約するため」という理由もあったようです。でも今では原材料の価格より、穴をあけるコストのほうが高いそうで……。

意外なことに、硬貨の穴にひもを通してペンダントにしても法律的には罰せられません（やってはダメですよ！）。次は百円玉！

百円玉の周りのギザギザの数は「103個」。惜しい！

ギザギザといえば……。

日本銀行では、硬貨の周りのギザギザのことを「ギザ」と呼んでいます。また、関係がありそうでまったく関係のない知識ですが、生き物のゲジゲジの正式な名前は「ゲジ」です。

ギザギザは、英語の「ギャザー（gather）」がなまった言葉といわれています。ギャザーとは布を縫い縮めて寄せた「ひだ」のこと。ギザギザに通じるのもわかりますね。そんなギザギザは、漢字では「刻刻《ぎざぎざ》」または「段段《ぎざぎざ》」と書く立派な日本語です。

日常で見かけるギザギザの数に関する雑学を、もう1つ。

ビール瓶の王冠のギザギザの数の多くは「21個」。瓶の丸い口を閉めるのには、3の倍数のほうが都合がいいそうです。なぜなら、3点で閉めるのが力学的に最も安定するから。さらに瓶の密封度などを考慮すると「3点×7」が一番しっくりきたため、21個のものが多いのです。

ちなみにビール瓶の王冠の三角形のギザギザの部分の名前は「スカート」といいます。では、「三角形つながり」で次の雑学。

小学生の頃に使った三角定規。思い出してみると、真ん中に穴が空いていましたよね？　その秘密の理由は、まず「紙と三角定規のあいだの空気を抜くため」、これでフィット感抜群。そして使用中「摩擦の力で定規を滑りにくくするため」、さらに使用後「定規の穴に指をかけて取りやすくするため」なんです。

あと「プラスチックの変形を防ぐため」などの理由もあるそうです。えんぴつを差し込んでブンブン回すためじゃなかったんですね。さて、「穴」と「摩擦」といえば！

旅館などの和室で見かける木製の座椅子。なぜかお尻の部分に大きな丸い穴が空いていますよね？　あれは座布団を置いたときに座布団と畳との摩擦で座椅子をずれにくくするために空けてあるのだそうです。

似たような雑学を、さらにもう一つ。

カバンや衣類によく付いているファスナー。

そのファスナーを開け閉めするときに指で持つ部分（「引き手」と呼びます）に穴が空いているのも、持った指が滑りにくいようにするため。

ファスナー関連でさらに続けます。

「ファスナー」や「ジッパー」はどちらも英語ですが、「チャック」は日本語に由来する言葉。口をひもでキュッと締める袋「巾着《きんちゃく》」をもじって「チャック」とい

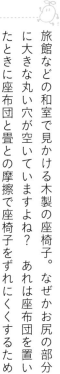

う言葉ができたそうです。

日本語を語源とするカタカナ語には、こんなものもあります。

警察の家宅捜索を表す「ガサ入れ」の「ガサ」とは、「捜す」の「さが」を逆さに読んだことから。

「でたらめなネタ」を表す「ガセネタ」の「ガセ」とは、「人騒がせ」の「がせ」に由来するという説が有力です。

「日本語↓カタカナ」の例をもう1つ。

ワイシャツのことを西日本では「カッターシャツ」と呼ぶところが多いようですが、これはこの商品が売り出された1918年、ちょうど第一次世界大戦で「勝った」ことから名前が付いたそうです。名付けたのは現在のミズノの創業者、水野利《り》八《はち》さん。

ちなみに、ワイシャツの「ワイ」は「アルファベットのYの形」だからではなく、英語の「ホワイト」がなまったものです。

次は「ホワイトが変化した」ではなく、「ホワイトに変化した」という話。

動物の「シロサイ」は、色が白いことから名前がついたのではありません。由来は、幅の広い口を持っていることから。現地の人がその口の特徴を「ワイド（幅広い）」と言ったのを、「ホワイト（白い）」と聞き間違えたため、シロサイと訳されてしまったのです。

そのとばっちりを受けたかわいそうな動物が「クロサイ」。シロサイと区別するために、体の色が相対的に少し黒かったために（本当はさほど黒くない）、クロサイと名付けられちゃいました。

少し横道にそれますが、どうして「とばっちり」というのでしょうか？

「とばっちり」という言葉の語源は「ほとばしり」で、水しぶきがそばにいる人にかかってしまう状態。たとえば、雨上がりの狭い道路で自分の横を自動車が通り抜け、水たまりの水がバシャンとかかる災難。そのイメージが「とばっちり」です。

ーネタ戻りますが、動物の誤解といえば、次のネタもあります。ちょっと複雑ですが、「誤解」の「誤解」です。

「カンガルー」の名前は、探検家のキャプテン・クックが現地住民に「あの動物は何だ？」と尋ね、「カンガルー（わからない）」と返事されたのを誤解して世間に広めたといわれます。しかしこのエピソード自体も誤解で、実際は「カンガルー」とは「跳ねるもの」を意味するという説が有力です。

誤解で有名なのが「ハリウッド（Hollywood）」。漢字では「聖林」と表記されます。ところが英語で「Holly」とは植物の「ヒイラギ」のことを指します。訳するときに「Holly」を「Holy（『聖なる』の意味。クリスマスによく聞きますね）」と間違えたのです。

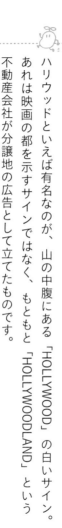

ハリウッドといえば有名なのが、山の中腹にある「HOLLYWOOD」の白いサイン。あれは映画の都を示すサインではなく、もともと「HOLLYWOODLAND」という不動産会社が分譲地の広告として立てたものです。

その後、映画女優がサインの位置から飛び降り自殺をするなど不吉な出来事が起こってしまい、「HOLLYWOODLAND」の13文字がいけないのでは？　との考えから（欧米では「13」は不吉な数字とされています）、「LAND」が削除されたとい

う エピソードも。

「13」という数字にまつわる雑学いろいろ。

『13日の金曜日』というホラー映画がありますが、全部で15日ある大相撲本場所の「13日目」は、必ず「金曜日」。

西洋で、「13を忌《い》み嫌う恐怖症」を「トリスカイデカフォビア」といいます。フォビアは「恐怖症」の意味。細かい穴の集合体で鳥肌が立つ習性は「トライポフォビア」といいます。苦手な人は決して画像検索しないように！

13つながりで、次は、「トランプ1組」と「1年間」の奇妙な一致。

トランプは、4つのスート（マーク）が13枚ずつありますね。「13枚×4」で全部で52枚。実は1年間は52週間（364日）で、それにジョーカーを加えて、ちょうど３６５日になります。トランプによってはジョーカーがもう1枚ありますが、あれは「うるう年」の1日分ともいわれます。

不思議な計算結果はもう1つありまして……。

「トランプ1組」と「1年間」の不思議な関係。1から13までの数字を全部足すと「91」。トランプにはそれが４セットあるので、「91×４」でやはり「３６４」になるのです。それにジョーカー1枚を加えると「３６５」に。

トランプ以外の「13」に関する雑学をもう1つ。

「1ダース」といえば12個ですが、欧米には「パン屋の1ダース（baker's dozen）」という単位があります。その数は「13個」。その昔イギリスのパン屋さんは、価格に対してパンの重さが足りないと罰せられました。それを恐れて、パンを

1個おまけで追加した習慣から生まれたのです。

パンといえば、このヒーロー。

アンパンマンの顔の中身は、「つぶあん」。

作者のやなせたかしさんが仰っています。続いては「あんこ」に関係する和菓子の、ちょっとシブいマメちく。

「ぼたもち」と「おはぎ」の違いは何でしょう？　正解は「違いはなし」。実は、食べる季節が異なるだけなのです。ぼたもちは漢字で「牡丹《ぼたん》餅」と書くように、牡丹の咲く春のお彼岸の頃に食べます。おはぎは「御萩《はぎ》」、萩の咲く秋のお彼岸の頃に食べるものをいいます。

続いて、もっとシブい雑学です……。

春は「ぼたもち」、秋は「おはぎ」と呼ばれる食べ物。夏や冬には「夜船」、または「北窓」とも呼ばれます。そのココロは？　この食べ物はお餅と異なり、杵《きね》で搗《つ》かなくても作れます。そこで「搗き知らず」から、暗い夜の海を行く船（＝着き知らず）、月の見えない窓（＝月知らず）にたとえたのです。

春と秋の共通点、といえばこんなものも。

春を意味する「spring」は、「跳ねる」「湧き出る」という意味の古語「springan」に由来します。地中から多くの草木の芽が湧き出るように生える季節ですからね。秋の「fall」は「fall of the leaf（落葉）」に由来。どちらも自然から生まれた言葉なんですね。

今度は反対に、春と秋の異なる点について。

「春の七草」は食べるのが主な目的、「秋の七草」は鑑賞するのが主な目的。

「七草粥」には春の七草が入っていますね。さて、「7」にちなんだ食べ物といえば。

カレーに付き物の「福神漬」は、大根、茄子、しょうが、なた豆など「7種類」の材料で作られることから、「七福神」にちなんで名付けられました。

数字の「7」といえば虹の7色。実は、この色の数は世界共通ではありません。アメリカでは6色とする地域が多く、ドイツでは5色、またアフリカの一部地域や、かつての沖縄では、虹を2色とみなす文化もありました。

ちなみに、雨上がりの「レインボウ」に対して、月の光で見える虹「ムーンボウ」もあります。

数字の「7」といえばラッキーセブン。この言葉の語源は野球にあります。19世紀アメリカでの試合にて、7回の攻撃でバッターが打ち上げたのは平凡なフライ。しかし幸運なことにボールが風に運ばれ、スタンドに入りホームランに！　これを「lucky seventh」と呼んだのが始まりとされます。

細かい「7」について、もう1つだけ。

タバコの「セブンスター」。おなじみの名前ですが、中学1年生の英語のテストだとバツにされそうな名前ですよね（複数形のsが付いていません）。ただし実際のセブンスターのパッケージには、ちゃんと「s」が付いています。

さて、「7（しち）」の次は「8（はち）」ということで……。

「働きバチ」は、その名前の割に、1日6時間くらいしか働いていません。

ハチつながり。

ミツバチは、縄張りの中に種類の異なるスズメバチが侵入すると、大勢でスズメバチを取り囲み、群れで体温を上げて摂氏45度以上の熱を発生させます。いわば、蒸し殺しにするのです。

ハチつながり?

渋谷の待ち合わせ場所で有名な「忠犬ハチ公」の銅像。ふつう銅像は亡くなってから造られるものですが、この銅像の除幕式には、ハチ公自身も参列していました。

ハチと同じくらい有名な、国民的な犬がいます。

南極観測隊に同行した樺太犬、「タロ」と「ジロ」には、実は「サブロ」という弟がいました。サブロは人一倍（犬一倍？）がんばり屋だったため、出発前の長距離訓練のとき体調を崩してしまい、南極へは行けなかったのです。

「実は『3』があった」つながり。

おなじみの「ラジオ体操第一」や、2番目の運動がちょっと恥ずかしいことでおなじみの「ラジオ体操第二」だけでなく、戦前・戦後には「ラジオ体操第三」がありました。しかし振付があまりに難しかったことなどから中止となり、あまり見かけなくなったのです。昨今、YouTubeなどの映像で話題になりましたね。

「実は『2』と『3』があった」という雑学もあります。

工事現場でよく見かける「安全第一」。実はこれには続きがあります。それは、「品質第二」、「生産第三」。もともとはアメリカのＵＳスチールという製鉄会社のスローガンでした。

「実は『4』と『5』と『6』があった」という雑学もあります。

おめでたい初夢の象徴といわれる「一富士、二鷹、三茄子《なすび》」。実はこれには続きがあります。それは「四扇《おうぎ》、五煙草《たばこ》、六座頭」。扇は末広がり、煙草は煙が立ちのぼる、座頭（目が不自由で琵琶などを弾いた人）は毛がないことから「ケガない」などと縁起を担いだようです。

富士、鷹、茄子の理由については、5章で改めて書きますので、「実は続きがある」シリーズをどうぞ！

ことわざの「仏の顔も三度」。これは「仏の顔も三度なでれば腹を立てる」という意味。

ことわざの「石の上にも三年」。これは「冷たい石の上にも三年いれば温まる」という意味。

さらには、こんなユニークなものもあります。

ことわざの「男は度胸、女は愛嬌」。この言葉には続きがあります。それは「坊主はお経」。ちゃんと『ことわざ辞典』にも載っています。ただ、特に意味のある言葉ではなく、語呂を合わせた言葉のようです。

「坊主」が登場したので、こんな雑学を。

お坊さんがお経を読むときに、木魚を鳴らすのはなぜでしょう？　答えの一つは「リズムを取る」ため。もう一つは、「眠気を戒《いまし》める」ため。これは、その昔、魚は眠らないと考えられていたので、眠らない象徴として魚をデザインしたと考えられています。

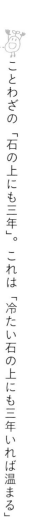

「眠気」といって思い出されるのが、こちら。

青森市の夏の風物詩といえば、ねぶた祭。この「ねぶた」とは、方言で「眠たい」という意味。秋に本格化する農作業の妨げとなる「眠気」を追い払う目的で始まったことから、この名前がついたそうです。

眠るときに欠かせない布団。なぜ「団」の字が使われているのでしょうか？　実は「団」の字には「丸い」という意味があるのです。布団の元祖は蒲《がま》の葉を丸く編んだ敷物で、「蒲団」と書いていました。後に「蒲」の意味が薄れて「布」の字があてられるようになったのです。

「団」＝「丸い」は身近なところにたくさんあります。

「団」＝「丸い」。まず一般的なのは「団子」ですね。それから「団栗《どんぐり》」。丸い形のうちわも「団扇」と書きます。また、円形に人が集まる様子から「集団」や「団欒《だんらん》」。さらに、すべてめでたく丸く収まることを表した言葉が「大団円」です。

ものごとが無事に終わると「一本締め」や「三本締め」を行います。手を「3回、3回、3回、1回」打つリズム。あれは、まず手を9回（3回×3）打つことで「九」ができ、最後に手を1回打つことで点を打ち「丸」という漢字ができる、つまり「丸く収まりました」という意味があるそうです。

掛け声の「いよーっ！」は、「祝おう！」が転じたものともいわれます。
というわけで、1章も、祝！大団円！丸く収まりました……かな？

Column 1

『高校生クイズ』で学んだこと

僕が初めて「仕事」としてクイズ問題を作ったのは大学2年生のときでした。慶応大学のクイズ研究会に所属していた縁で、『全国高等学校クイズ選手権』（日本テレビ系）、通称『高校生クイズ』の問題作成に参加させていただいたのです（以来2016年まで19年間、番組にはお世話になりました）。

でも、1年目のクイズ作りは大失敗でした。全部で600問作ったうち、採用されたのは30問程度。番組の最後に流れるスタッフロールにも私の名前はありませんでした。

何がいけなかったのか……。もう一度番組を見直し、放送された全部の問題を一字一句、ノートに書き留めて研究を始めました。さらに過去のビデオも引っ張り出し、徹底的にクイズ問題を書き写して分析した結果、クイズの作り方の極意が見えてきたのです。

それは、ずばり！「テレビで使われる問題は、面白い」ということ。

拍子抜けされた方もいらっしゃるかもしれません。でも、この「面白い」には、実に多くの要素が含まれています。知識を問うだけではダメなのです。

僕がノートに書き写した問題を分析してみると、3つの共通点がありました。

①問題文が短い（耳で聞いてわかりやすい＝ムダな言葉が使われていない）
②簡単すぎない。また、難しすぎない（解答者と視聴者の両方にとって絶妙なレベル）
③問題文のリズムがよい（問題によっては、韻を踏んでいるものもある）

翌年からこれらの要素を意識して問題を作ってみると、採用される問題は倍増。作成から3年目にして、問題採用率で念願のトップに立つことができました。以来、たくさんのクイズ番組で問題を作成してきましたが、『高校生クイズ』1年目の挫折と分析こそが、今の自分の大きな基礎を作ってくれたのだと感謝しています。

2章 起きてから寝るまでの雑学（平日編）

ここからは日常生活の
場面を追いながら、
雑学をつないでいきます。
まずは平日編！

起床～外出

さぁ1日が始まります。スタートにふさわしいネタからどうぞ！

目覚まし時計にあって、普通のアナログ時計にはない「針」は何でしょう？（長針、短針、秒針は両方にありますが……）何時に起きるかをセットするために回す針、アレです。アレの名称は「目安針（めやすしん／めやすばり）」といいます。さりげなく、私たちの生活を支えてくれている針ですね。

『めざましテレビ』（フジテレビ系）のキャラクター、「めざましくん」のような形の目覚まし時計についているアレにも名前があります。

頭の左右にベルが2つある目覚まし時計。その中央で、ベルを左右に叩く丁字型の棒は「撞木《しゅもく》」といいます。お寺の鐘を突くために横に吊るされている丁字型の棒と同じ名前です。

突然ですがここで問題！　今の雑学に出てきたアルファベット一文字は何でしょう？　正解は「無し」。

アルファベットの「T」の字の形をしたもの。辞書的には「T字（ティーじ）」ではなく「丁字（ていじ）」というのが正解です。突き当たりで左右に分かれた道路も、「T字路（ティーじろ）」ではなく、正確には「丁字路（ていじろ）」といいます。

今では「T字路」の呼び名のほうが一般的になってきたので許容されつつあります。さて、天気のいい朝がやってきました。

誕生日パーティーなどで歌われる「ハッピー・バースデー・トゥー・ユー」という歌。もともとは「グッド・モーニング・トゥー・オール」という朝の歌でした。

アメリカで幼稚園の子どもたちのために歌われた曲だったのです。

さて、陽気に起きたら顔を洗いにいきましょう。次は洗面所などでよく見かける、あのマークについて。

月のマークでおなじみの「花王」。当初は右向きだったのが、現在は左向きのマークになっています。左向きの半月は「上弦の月」、つまりこれから満月になる月。「将来に向かって、事業が満ちていくように」との願いが、マークに込められているのです。

花王のシンボルマーク、今でこそかわいらしい顔をしていますが、当初はめちゃめちゃリアルなおじさんの顔でした。

「花王」で「顔」といえば。

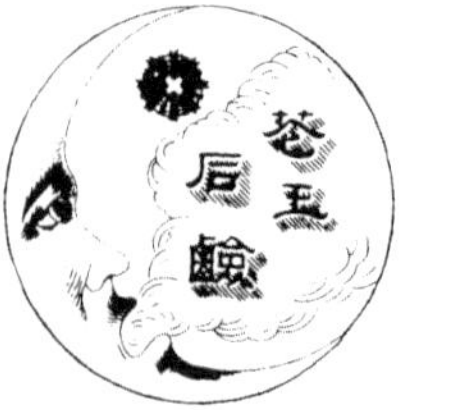

「花王」の社名は、「顔」を安心して洗える石鹸をアピールするためのネーミングでした。最初は「香王」や「華王」という字をあてていたのが、より親しみやすさを感じてもらうために「花王」にしたのだそうです。

顔を洗ったら、今度はトイレにいきましょう。

水洗トイレの便器にたまっている水の名前は「封水」。文字通り、排水管からの悪臭や虫を封じ込めるための水です。英語でいうと「シール・ウォーター」。シールという単語にも「封じる」のニュアンスがありますね。

トイレにある「ウォシュレット」。てっきり「ウォッシュ」＋「トイレット」から来ているのかと思いきや、「レッツ・ウォッシュ！（さあ、洗おう！）」の単語2つを逆にして名付けられたのです。TOTOが1980年に販売を開始しました。

さあ、あとは着替えて出発です。

ワイシャツの裾は、左右の両脇の長さよりも前後のほうが長くなっています。これは、その昔ヨーロッパにはパンツがなかったため、シャツの前と後ろの裾の部分を結んで、まるで「ふんどし」のように利用していた習慣の名残だそうです。

「ふんどし一丁」「パンツ一丁」などといいますが、「丁」の漢字が使われているのは、ふんどしを締めたときのお尻の姿からきています。たしかに布の部分が「丁」の字に似ていますよね。

この「起床～外出編」だけで2度も「丁」にまつわるネタが登場しました。雑学的にはとても大事な漢字です。

玄関のドアは、欧米では家の内側に開くのが多いのに対し、日本では外側に開くのが主流となっています。これは、日本では玄関口で靴を脱ぐ習慣があるため、

内開きにした場合、ドアに靴がひっかかってスムーズに開けられなくなってしまうからだといわれています。

朝からあまり「うんちく」ばかり考えていたら遅刻してしまいます。そろそろ出かけましょう。

通勤・通学

道路の横断歩道は、かつては「はしごの形」が主流でしたが、現在では両サイドの縦線がないものが多くなっています。理由は、はしご形だと白いペイントに囲まれた部分に雨水がたまった場合、車がスリップするなどの恐れがあるため。つまり「排水」のために両サイドの縦線をなくしたのです。

同じような発想で、形が決まったものがあります。

相撲の取組を行う丸い土俵には、東西南北に1つずつ、1俵分だけ外にずらされた「徳俵」がありますが、これはかつて、土俵が野外にあったことの名残。土俵の内部に雨水がたまった場合の「排水」のため、俵をずらしたのが始まりとされています。

相撲つながりで、両国国技館ネタを1つ2つ。

両国国技館の地下には「焼き鳥工場」があり、相撲の興行が行われているときに稼働しています。では、一体なぜ「焼き鳥」なのでしょう？ それは、ニワトリは2本足で立ち、地面に手をつかないため。たしかに相撲の力士にとっては縁起がいいですね。

大相撲の行司の最高位である「立行司」は、腰に短刀を据えています。これは、誤った判定をした場合に切腹をする覚悟で臨む、という意志を表しています。

東京都墨田区の地図をよーく見てみると……両国国技館がある地名は、「東京都墨田区横網」。「横綱」じゃなくて「横網」。惜しい！

このペースではいつまでたっても駅に着きません。通勤・通学路を急ぎましょう。

道路で見かける信号機。自動車用の信号の色は、左から「青・黄・赤」の順に並んでいます。これは、一番大事な「止まれ」の色である「赤」が、道路の左側から生い茂る街路樹で隠れてしまわないように、との配慮から一番右になったといわれています。

「青信号」は実際には「緑色」ですよね。実は、当初は法令で「緑色信号」と呼ぶように定められていました。ところが、日本語では緑色のものを青と呼ぶのは誤りではありません。たとえば「青々と繁った若葉」や「青リンゴ」など。これらと同様、親しみやすさから「青信号」になったのだそうです。

「青信号」の呼び名が定着したことで、法令でも「青信号」と表記されるようになりました。

学校の「黒板」も実際には「緑色」ですね。昔は、黒板の色は名前の通り「黒」だったのです。ところが戦後になって、白いチョークとのコントラストや、目へのやさしさを考慮した結果、緑色の黒板が普及することになりました。

教室の前方にある黒板は、真ったいらな平面ではなく、少しだけ凹面状に湾曲しています。これは教室の窓から差し込む日光が反射して黒板の文字が見えにくくなるのを防ぐためといわれています。

また脇道にそれました、本道に戻りましょう。道路でよく見かけるのは電柱。

電柱の周りには、よくデコボコした板のようなものが巻き付いていますが、この板は「張り紙防止」のために巻かれています。接着面が小さいほうが、ポスターなどがはがれやすいためです。

普段よく見かける電柱ですが、その上のほうを見上げる人はあまりいません。見上げてみれば、上にいくほど細くなっているのに気付くはず。あの形状は、風の抵抗をやわらげて、電柱を揺れにくくするための工夫なのです。

電柱と電柱のあいだの電線がたるんでいる風景をよく見かけますが、これも安全を配慮してのこと。風や雪による衝撃をやわらげたり、温度による電線の長さの変化（冬になると電線はピンと張ってしまうのです）に対応したりするため、長さに余裕を持たせているのです。

道路に欠かせないものには、ガードレールもありますね。

ガードレールの端っこをよく見ると、くるんと丸まっています。あの部分の名称は「袖ビーム」。なんかカッコいい名前ですね、袖ビーム。

ガードレールの上に付いている、丸くて黄色い反射板。よーく見ると、何かが回転しているように見えるものもあります。あれの正体は「ブラシ」。風でクルクル風車のように回ることで自動的に反射板のお掃除をしているのです。高速道路などでも見かけます（脇見運転に気を付けてください）。

さあ、駅が見えてきました。再び、横断歩道の話題に戻ります。

駅前などに設置された横断歩道では、目の不自由な方のために「鳥の鳴き声」がするものがあります。平成15年からは、「ピヨ」と「ピヨピヨ」、「カッコウ」と「カカッコウ」の異なる鳴き声を出す「異種鳴き交わし方式」が誕生。これにより青信号の方向と場所が、よりわかりやすくなりました。

街中を見渡してみると、さまざまな「なぜ？」が溢れています。その疑問の答えには、私たちの生活をより便利にしてくれているものが多いことに気付かされますね。さて、ようやく駅に着きました。

駅

駅の所在地は、多くはその駅の「駅長室」や「駅事務室」がある場所になっています。たとえば、ＪＲ板橋駅は東京都の北区・板橋区・練馬区にまたがっており、ホームの大半は練馬区にあるのですが、駅事務室が位置するのが北区のため、駅としての所在地は北区滝野川七丁目になっています。

かつては駅長室に近いほうから1番ホーム、2番ホーム……と決められている駅が多かったそうですが、今では例外も多いですね。

駅長が2人いる駅が存在します。その代表は東京駅。「ＪＲ東日本」と、東海道新幹線を運営する「ＪＲ東海」の2社が駅を運営しているためです。

ＪＲ東日本の非接触式ＩＣカードといえば「Ｓｕｉｃａ（スイカ）」。あのペンギンは、南極に棲むアデリーペンギンがモデルです。ロッテの「クールミントガム」に描かれているペンギンと同じ種類です。

南極でスイスイ泳ぐペンギンの姿と、Ｓｕｉｃａで改札をスイスイ進める便利さを重ね合わせたともいわれています。

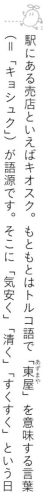

「クールミントガム」のパッケージに描かれている５匹のペンギン。よく見ると、前から２匹目のペンギンだけ左手をあげています。その理由は「クジラに挨拶しているため」。実は、昔のパッケージにはペンギンと一緒にクジラも描かれており、今でも「お疲れさま！」の気持ちを表しているそうです。健気！

駅にある売店といえばキオスク。もともとはトルコ語で「東屋《あずまや》」を意味する言葉（＝「キョシュク」）が語源です。そこに「気安く」「清く」「すくすく」という日本語の意味を込めて「キオスク」となりました。

駅といえば「改札口」。
改札口といって真っ先に思い浮かぶ歌といえば……。

「♪改札口で君のこと〜」で始まるヒット曲『私鉄沿線』を歌った野口五郎さん。この芸名は、長野県の山、野口五郎岳に由来します。この山の名前の「野口」は所在地名、「五郎」は岩が「ゴロゴロ」していたことから付いた名前だとか。

富山県と長野県の県境に「野口五郎岳」と「黒部五郎岳」の2つの山があり、名付け親の方はこの山の名前に注目。五郎さんに「野口」か「黒部」の2択を迫ったのだそうです。

アメリカにある有名な「ロッキー山脈」。この名前も、岩がゴロゴロしていたことから付いた名前だといわれています。「岩」を英語で「rock（ロック）」といいますからね。形容詞化して「rocky」。

改札を通ったあとは、ホームを目指しましょう。

駅のホームにはベンチがありますが、最近では従来とは向きが異なるベンチが増えてきました。これまでは、線路と並行にベンチが置かれていたのですが、酔っ払いが寝て起きてそのまま線路に落下するのを防ぐため、今では90度回転させて、線路と垂直方向に設置されるようになったのです。

よく聞くとわかりますが、ホームのアナウンスでは、上りと下りでアナウンサーの声が男性・女性など異なっている場合が多いです。乗客の方にどちらの電車が来たのかをわかりやすくするための配慮だそうです。

日本一長いホームは京都駅にあります。その長さ、558メートル！（2つのホームがつながる形になっています）ちなみに京都駅にある「34番のりば」の

「34」は、ホームの番号として日本で一番大きい数。

京都駅には日本一のホームが2つもあるんですね。

京都駅には20番台のホームがないのに、30番台はあります。その理由は、「山陰《さんいん》本線」のホーム番号を、山陰の「さん（＝3）」とひっかけて31番からにしたため、といわれています。

もう1つ、駅と数字にまつわる雑学。

日本一標高の高いところにある駅は、長野県にあるJR小海《こうみ》線の野辺山《のべやま》駅。その標高は「1345メートル67センチ」。あと「2」さえ入れば完璧な数字の並びだったのに！　でも覚えやすい数字ですよね。

覚えやすい数字といえば……。

静岡県の面積は、ちょうど「7777平方キロメートル」。

線路のレールには石が敷かれています。あの石は「バラスト」といい、電車の重さを地面に対して緩和させるクッションの役割や、石が電車の轟音を吸収する騒音防止の役割がなされているのです。

さて、電車が来ましたので乗り込みましょう。

電車

電車の座席の幅は、1人につき何センチほど与えられているのでしょうか？　かつては、1人400ミリ（＝40センチ）という基準が定められていましたが、現在では（日本人の体格向上を考慮したためでしょうか）、450〜480ミリのゆったり設計になっているものが多くなりました。

定員といえば、あの乗り物の定員にも基準があります。

エレベーターの定員は、1人の体重を65キロとして計算されています。ほぼ満員であと1人乗れるか乗れないか、あの緊張感にもちゃんと基準があるんですね。

電車の吊り革は、かつては電車の窓に対して平行に付けられていました。これは当初、乗客が進行方向に向かって立つことを想定していたため。でも実際には窓に向かって立つのが一般的になったため、吊り革の向きが90度変えられ、自然に握れるよう改良されたのです。

吊り革といえば、改良された点がほかにも。

吊り革は、持ち手の部分が丸いものから、三角形のおむすび形のものが主流になり、非常に握りやすくなりましたが、あの握りやすさのヒントになったものは「アイロン」なのだそうです。いわれてみれば持つときの感覚が似ていますね。

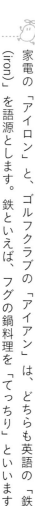

「アイロン」の語源は、あの金属から。

家電の「アイロン」と、ゴルフクラブの「アイアン」は、どちらも英語の「鉄(iron)」を語源とします。鉄といえば、フグの鍋料理を「てっちり」といいますが、この「てつ」とは「鉄砲」のこと。フグも鉄砲も「あたると死ぬ」からです（てっちりの「ちり」は身がちりちりっと縮むことから）。

「あたる」「あたらない」といえば、次の有名なうんちくが連想されます。

大根は食べても食べてもあたらない（食あたりしない）ことから、決して芸能界で当たらない、下手な役者のことを「大根役者」というようになりました。

「大根役者」のことを、英語では「ハム・アクター」といいます。このハムは食べ物のハムではなく、シェークスピアの戯曲の主人公「ハムレット」のこと。下手な役者ほどハムレットを演じたがることから来ているそうです。

おっと、電車に乗っていることを忘れていました。軌道修正します。

東京でグルグル回っている環状線、ＪＲ山手線にも、始点と終点があります。始点は「大崎駅」、そこから新宿・池袋方面を回って「田端駅」が終点です。大崎―東京間は正確には東海道本線、東京―田端間は東北本線になるのです。

山手線の「外回り」と「内回り」はどちらがどちらかややこしいのですが、山手線も自動車と同じで「左側通行」と覚えておけば忘れにくいかもしれません。

山手線で最も乗降客数が多いのが「新宿駅」。実は新宿駅は日本で、いや世界で一番乗降客数が多い駅です。一日平均、約３５０万人。ちなみに世界2位は渋谷駅、3位は池袋駅です。

ラッシュ時の満員電車などを「すし詰め」といいますが、この「すし」とは何のことでしょう？　正解は、お寿司の中でも「押し寿司」のこと。重箱に詰められたお寿司の「ぎゅうぎゅう詰め感」から生まれた言葉です。

毎日、ラッシュの時間帯に通勤されている方は本当にお疲れさまです。
というわけで、会社に着きました。

オフィス

ビジネスマンには欠かせない名刺。でも、なぜ「名紙」ではなく「名刺」なのでしょうか？　一説には、名刺の起源は中国で、訪問先が不在だったとき、木や竹を削って自分の名前を書いたものを戸口に「刺して」訪問を知らせたことから。「名前を刺す」で名刺になったそうなんですね。

現代の中国語では名刺を「名片」というそうです。由来が日本だけに残っているのも面白いですね。では、「なぜ刺？」シリーズをもう一つ。

魚のお刺身。でも、お刺身は切って調理するものなのに、なぜ「刺身」と表現されるのでしょうか？　一説には、もともと切った魚の盛り合わせを提供するときに、それが何の魚なのか、それぞれの魚の尾ひれを身に「刺して」目印にしていたことから、といわれています。

「切る」という表現が忌み嫌われていたから、という説もあるようですね。

ではオフィスに着きました。デスク周りを見てみましょう。

個人情報保護法により、今やオフィスに欠かせない「シュレッダー」。細長い帯状に紙が裁断されて出てきますが、この機械の発明のヒントになったのは、「うどん製麺機」でした。たしかに雰囲気が似ていますよね。

このエピソードで思い出されるのが、次の雑学です。

文房具の「カッターナイフ」。刃先をポキポキ折ることで切れ味が復活するというスグレモノですが、これは、ポキンと割れば切れ味が鋭くなる「ガラスの破片」と、ポキポキ割って食べる「板チョコ」にヒントを得て考案されました。

せっかく「板チョコ」が出てきたので、1つだけ。

板チョコには溝がついていますが、あの凸凹の目的は、チョコを割りやすくするためだけではなく、チョコを作る際に早く冷やして固めるため。表面積が大きいと冷気の当たる部分が多くなり、素早く固まるのです。

世界で初めて「折る刃式カッターナイフ」を考案した日本のメーカー「オルファ」。その社名は……もうおわかりかもしれませんが、「折る刃」からきています。輸出先は世界100カ国以上、刃の折れ線の角度も世界標準になっているそうです。

聞けば納得の「文房具とその由来」はまだあります。

ホッチキスは、機関銃の発明者であるホッチキスさんによって発明されたとする資料があります。たしかに、ホッチキスの針を送る装置と、マシンガンの弾送り装置には通じるものがありますね。

では今度は、文具メーカーの社名の由来について。

筆記用具メーカーの「ゼブラ」。ゼブラとは「シマウマ」のことで、シマウマは漢字で「斑馬」とも書きます。この「斑」の漢字をよく見ると、「文」と「王」の字が。つまり「文具の王になる」の願いを込めて「ゼブラ」と名前が付いたのだそうです。

文具・オフィス用品の「コクヨ」は、「国の誉《ほま》れ」でありたいとの願いから付いた社名。この「国」とは日本ではなく、創業者の出身地である越中（現在の富山県）を指します。

続いて、ビジネスに欠かせない、あの道具にまつわる雑学。

オフィスに欠かせない印鑑。判子の胴体の部分についている、「こっちが上ですよ」というのを教えてくれる窪みの名称は「探《さぐ》り」といいます。

判子店などで購入するものの中には「探り」の付いていないものもありますが……。

「探り」のない判子は、大事な契約書に捺印する際、上下がどちらかを確認する時間をあえて作ってくれているのです。「その契約に印を押して本当に大丈夫？」と確認できる時間を持たせるために、あえて「探り」を入れていないんですね。

僕はこの話を聞くと、「警察が110番になったのは、ダイヤル式の電話で一番時間のかかる『0』を回しているあいだ、心を落ち着かせるため」という話を思い出してしまいます。

「印鑑」と「判子」という2つの言葉はよく混同して用いられますが、本来は「判子」は印を押す道具のこと、「印鑑」は判子を押してできた印影のことを指します。

類似雑学をもう1つ。

「定規」と「ものさし」という2つの言葉もよく混同して用いられますが、本来は「定規」は正しく線を引くための道具のこと、「ものさし」は物の長さをはかる道具のことです。

さて、仕事も一段落。給湯室でお茶でも飲みましょう。

日本茶の色は、ふつう緑色をしていますが、なぜ色の一種である「茶色」とはあんなに違うのでしょうか？　ヒントは、台所にある使い古した茶色い布巾《ふきん》にあります。そう、もともと茶は染料として用いられていました。茶が染み込んだ布の色を「茶色」と呼んだのです。

「お茶を一服」などといいますが、この「服」は回数を表す単位。お茶にタバコ、どちらも「一服」ですね。そして大事なものがもう1つあります。それは「薬」。粉薬の包みを数える単位が「一服」です。考えてみれば、「服用」「内服」「頓服」「服毒」……薬の周辺に「服」はたくさんありますね。

では、お茶を一服したところで、お昼休みにしましょう（休んでばっかりかい！）。

昼休み

お昼休みといえばお弁当。このお弁当の仕切りに使われる緑色のギザギザを「バラン」といいますが、もともと殺菌などの目的で植物の「ハラン（葉蘭）」が用いられていました。それに対してプラスチックで作ったハランを「人造バラン」と呼ぶようになり、やがて「バラン」だけが残ったのです。

小さな俵型の握り飯と、おかずを詰め合わせた「幕の内弁当」。これはもともと、芝居の一幕と一幕のあいだ、つまり「幕の内」に食べていたことから、その名が付きました。

今のネタは割と有名ですが、次のような面白い語源の説もあります。

幕の内弁当の特徴といえば小さな握り飯。小さいおむすび、つまり「小結《こむすび》」が相撲の「幕内力士」であるということから、幕の内弁当と名付けられたとする説もあります。

お弁当屋さんのハンバーグの下には、スパゲティがよく敷かれています。あれは、決してカサ増しなどではなく、おかずから出る油を吸収して弁当全体が油まみれになるのを防いでくれているのです。揚げ物のお弁当の場合は、高温でプラスチック容器が溶けないように守ってくれてもいるんですよ。

懐かしいお弁当のおかずといえば、タコさんの形をしたウインナー。あれは、普通のウインナーだとつるつるして箸でつかみにくいため、ウインナーに切れ目を入れたり、さまざまな形に切ったり、といった優しい工夫から生まれたのです。

タコにちなんで。

たこ焼きの人気チェーン店「築地　銀だこ」。この「銀」とは銀座のこと。「いつか銀座にお店を出したい」という創業時の願いを込めて、社名に「銀」の字を冠したのです。その夢は創業から2年で叶いました。現在、本店は築地に置かれています。

お弁当作りに欠かせないものといえば。

野菜やサンドイッチを包むなど、お弁当作りにラップを使う方も多いと思います。でも本来、ラップフィルムは銃や弾丸を湿気から守るなど、おもに軍事的な目的で利用されていました。現代とギャップがあり過ぎ！

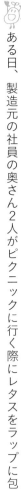

では、今のような使い方になったのはどうして？

ある日、製造元の社員の奥さん2人がピクニックに行く際にレタスをラップに包んで出掛けたところ、みずみずしさを失わなかったことから、食品包装用ラップとして広く使われるようになりました。その2人の奥さんの名前が「サラ」と「アン」。そこから「サランラップ」と命名されたのです。

その製造元と旭化成の業務提携により、日本でも広く「サランラップ」の名称が普及しました。さて、お弁当を食べ終えたら、のんびり公園でもお散歩しましょう。子どもたちが遊んでいます。

子どもたちの遊び「鬼ごっこ」。追いかける側は「鬼」といいますが、追いかけられる側にも名前が付いています。その名前は、「子」。

公園には小鳥たちも遊んでいます。

難読名字として知られる「小鳥遊」の読み方はわかりますか？　正解は「たかなし」。鷹のような猛禽類のいないところでは小鳥が遊べることに由来します。同じような発想から、「月見里」と書いて「やまなし」という名字もあります。

山が無い（やまなし）と、月がよく見えるからですね。それでは、コンビニに寄って会社に戻りましょう。

コンビニエンスストア

コンビニのローソンは、もともとアメリカ・オハイオ州のJ・J・ローソン氏が経営していた牛乳店がルーツ。新鮮で美味しい牛乳が評判を呼び、便利な日用品も置くようになりました。その後、チェーン展開により日本にも上陸。ロゴにミルクボトルが描かれているのは、その名残です。

コンビニの中で最も店舗数が多いのが、セブン-イレブン。

セブン-イレブンの出入口のドアなどに描かれているロゴマーク。数字の7のロゴの中に「イレブン」が英語で書かれていますが、よく見ると「ELEVEn」と、「n」だけ小文字になっています。

理由を問い合わせてみたこともありますが、詳細は不明なのだそうです。

ミニストップの「ミニ」は「小さい」という意味ではなく、「ミニット」の略。もともとは「ちょっとのあいだ、立ち寄るお店」という意味の「ミニットストップ」という店名だったのを、呼びやすくするため「ミニストップ」に省略したのだそうです。

近所なのに、セブン-イレブンが複数存在する場所を見たことがありませんか？あれはビジネス用語で、「ドミナント戦略」と呼びます。「ドミナント」とは「支配的な」という意味。配送時間の短縮や、お弁当などの品質保持などのメリットがあるそうです。

多くのコンビニでは、「お弁当売り場」と「飲み物売り場」は離れて設置されています。これは、お弁当を手にとって飲み物売り場に移動するあいだに、さまざまな商品が目に付くようにして、目的以外の商品の購買意欲をそそるためといわれています。

「ドン・キホーテ」などのディスカウントショップで所狭しと商品が棚に並べられているのも、同様に購買意欲をそそるためだそうです。

コンビニの陳列棚の形は、床に対して垂直にはなっていません。多くの場合、下にいくほど手前に張り出す構造になっています。これは、上から見下ろしたときに商品の全体像を見渡しやすくするためです。

アフリカには「シエラレオネ」という国があります。国旗のデザインを見てみると、ファミリーマートそっくり！

ぜひ画像検索や地図帳などでご覧になってください！　そしてファミリーマートといえば……。

ファミリーマートに入店すると流れる、誰もが聞いたことがあるミュージック。タイトルは『大盛況』といいます。より正式なタイトルは『メロディーチャイムNO.1 二長調 作品17「大盛況」』です。

作曲したのは稲田康さんという音楽家で、ご自身が名付けました。

さて、午後はタクシー・バスで外回り。

タクシー・バス

まずは基礎知識。タクシーの屋根の上に載っている、社名が書かれた表示灯の名前は「行灯《あんどん》」。

行灯は古くからある照明器具で、もともとは手に提げて持ち歩けたことから「行く」に「灯」と書きます。
ちなみに……。

身近なことほど気付かない様子を意味することわざ「灯台下《もと》暗《くら》し」の灯台とは、岬にあるあの灯台ではなく、江戸時代に室内で用いた照明器具の行灯や燭台《しょくだい》のこと。その周囲は明る

く照らしても、真下は影で暗いことから生まれた言葉です。
タクシーの車内で強盗など緊急事態が発生した場合、行灯が赤く点滅します（そこから別名「防犯灯」とも）。また会社によってはフロントガラスのＬＥＤ表示（普段「空車」「回送」などと書かれるところ）に、「ＳＯＳ」や「助けて」などと表示される場合もあるようです。

タクシー業界ではさまざまな隠語が使われます。たとえば「お化け」、これは滅多に出会わないという意味で「長距離のお客」のこと。では「ワカメ」とは何のことでしょう？　正解は「回送」。海藻とかけたシャレです。

タクシーの車両には、一般の車とはちょっと異なる特徴も。

一般のタクシーにはドアミラーがありません。運転手はボンネットの前方に付いた「フェンダーミラー」で後方を確認します。なぜならフェンダーミラーのほうが死角が少ないうえ、キョロキョロしなくても視線だけで後ろを確認できるため。あまり運転手がキョロキョロするとお客に不安を与えますからね。

誰もが気になる料金メーターについて。

タクシーがバックした場合、料金はかかるでしょうか？ かからないでしょうか？ 正解は「かかる」。タクシー料金は「距離」と「時間」の2つの要素で加算されているため、バックでは距離の料金はかかりませんが、時間による料金はかかるのです。

バックだけだとたしかに料金は安くてすみますが、バックによる長距離走行は法律で禁止されていますので、皆さんくれぐれも試したりしないでください！（誰もしないって）

続いてはバスについての雑学いろいろ。

乗り物の「バス」は、実は略語。「オムニバス」を略した言葉です。オムニバスに「乗合自動車」の意味が生まれ、そこから、いくつかの独立した短編が乗り合うように集められた映画や演劇のことを「オムニバス作品」と呼ぶようになりました。

最近のバスには、なんと信号の色を「青」に変える力があることをご存知でしょうか？　公共性の高いバスに対して優先的に信号をコントロールし、運行の時刻がより正確になるよう、利便性を高めるために導入された交通システムです。

これは「公共車両優先システム（PTPS）」といい、徐々に導入が進んでいるようです。

最近はノンステップバスと呼ばれる段差の少ないバスが増えていますが、停留所に着くと、お年寄りや車椅子の乗客の方々が乗り降りしやすいように、車体全体が左に傾いてくれるバスも増えています。この機能は「ニーリング」と呼ばれ、英語で「片膝をつく」という意味。なんだか紳士的ですね。

僕の出身地でもある宮崎県では、運転席の上部に「すみません回送中です」と、かなり低姿勢に表示された回送中バスが走っています。（※2020年現在）

演歌歌手の八代亜紀さんは、元バスガイド。

出身地である熊本県八代市でバスガイド勤務をしていました。ちなみに……。

演歌歌手の八代亜紀さんは、世界のホームラン王・王貞治選手が846号ホームランを打ったときのバットを持っているそうです。「846」が「やしろ」とも読めることから、王選手が八代さんにプレゼントしたのだそうです。

王選手が現役最後となる868号ホームランを打ったときのバットを持っている

のは、大の巨人ファンで知られる徳光和夫さんです。
バスの降車ボタン。クイズ番組で誰よりもボタンを早く押して答える、いわゆる「クイズ王」と呼ばれる人たちは、降車ボタンをできるだけ早く押したがる習性を持っています。ファミレスで店員を呼ぶボタンも、なるべくなら僕が押したい！

少なくとも、僕はそうです。というわけで、仕事も終わり！　帰りに、ちょっと一杯やっていきましょう。

居酒屋・カラオケ

居酒屋では「とりあえず生！」と注文しますが、そもそも生ビールの「生」とは何のことでしょう？　正解は「熱処理をしていない」という意味。熱処理は微生物によって商品が劣化するのを防ぐための技術。しかしビールの製造技術のアップにより、「生」で楽しめるビールが増えました。

缶でも瓶でも、発泡酒でも第3のビールでも、「生」と銘打っている商品はこの「熱処理をしていない」という基準を厳格に守っているそうです。

ビール瓶が茶色い色をしているのは、直射日光を避けるため。ビールは日光にあたると風味が落ちてしまうのです。ペットボトルでビールが売られない理由もそのためです。

２００４年、アサヒビールはペットボトル入りのビールを作ろうとしましたが断念しました。

ビール瓶には肩の部分にザラザラした凸凹がついています。あの部分の名称は「ナーリング」。ビール瓶は何度も再利用されますが、ナーリングのおかげで瓶同士が衝突したときのショックが吸収され、割れたりヒビが入ったりすることが少ないのです。

キリンビールのラベルに描かれた、中国の伝説上の麒麟のデザイン。黄色いたてがみのような場所に、「キ」「リ」「ン」の文字が隠されています。１９３３年のラベルには、すでに隠し文字があったようです。

ビール以外のお酒について。

日本酒といえば、底に青い二重丸の描かれた蛇の目デザインのお猪口をよく見かけますが、あれはもともと、利き酒用のデザイン。白い部分で日本酒の色合い、青い部分で透明度や輝きを見るのに効果的なのだそうです。

ロシアのお酒「ウオツカ」は、なんと「水」という意味。たしかに、どことなく発音も「ウォーター」に似ていますね。

だいぶ酔いが回ってきたようです。

結婚式などに出席するとよく見かけるワイングラス。でも、赤ワイン用より白ワイン用のグラスのほうが小さいですよね？　その理由は、白ワインは冷たいうちに飲むほうが美味しいため。グラスの中身がぬるくなる前に、早く飲み干せるように比較的小さく作られているのです。

だいぶ酔いが回ってきたようです。

お酒にひどく酔った状態を表す「へべれけ」は、ギリシャ神話の女神に由来します。「へーべー」という名の女神が神々にお酌をして、喜んだ神様が泥酔《でいすい》したという伝説から、ギリシャ語の「へーべー・エリュエケ（へーべーのお酌）」がなまって「へべれけ」になったといわれています。

「泥酔」の「泥（でい）」は、虫の名前！　中国の想像上の虫で、グニャグニャした骨のない生き物。水の中では元気なのですが、ひとたび水のない陸上に上がると情けなくのたうち回るところから、酒にひどく酔った様子をたとえて「泥酔」と呼ぶようになりました。

へべれけに泥酔……酒に酔った勢いで、カラオケにも行ってしまいましょう。

カラオケの語源は「空（から）オーケストラ」。中国語では「卡拉ＯＫ（カラオケ）」と突然アルファベットが出てきます。でも英語では「karaoke」です。

カラオケのマイクには、球状の部分に六角形（または八角形）のリングのようなものがついています。あれはテーブルの上に置いたときに、転がり落ちないようにするため。

カラオケで得意な歌、十八番のことを「おはこ」といいます。ではなぜ「十八番」を「おはこ」と読むのでしょうか？　その秘密は歌舞伎にあり。役者の七代目市川団十郎が、代々伝わる18種類の演目を「歌舞伎十八番」として制定、その台本を「箱」に入れて大切に保管したため「おはこ」と呼んだのです。

カラオケの歌詞が表示されるテレビ画面には、よくドラマのようなイメージ映像が流れますが、決して「携帯電話」は登場しません。携帯電話は日々進化しているため、少しでも時が経つと、映像が時代に合わず古くさく見えてしまうためだそうです。

ところで、最近のカラオケは歌い終わると、画面に消費カロリーが表示される機種も多いのですが……。

第一興商の発表（２０１９年）によると、カラオケで歌うと一番カロリーを消費するのは三浦大知の『Blizzard』で、20・２キロカロリーを消費。これは女性のウォーキング約10分に相当します。

ちなみに2位はあいみょんの『GOOD NIGHT BABY』。『マリーゴールド』も11位にランクインしています。（※リクエストランキング・トップ３００の曲から選出）

お酒を飲んで、カラオケで歌って、そろそろ帰りましょう。

酒に酔ってフラフラ歩くことを「千鳥足」といいます。一般に、鳥の足は指が前に3本、後ろに支える指が1本あるのですが、千鳥は後ろで支える指が退化しています。そのため千鳥の歩き方はとても特徴的で、酔っ払いが左右の足を踏み違えて歩く様子が千鳥の歩き方にたとえられたといわれています。

今日も1日お疲れさまでした。明日は仕事がお休みですので（次の章は「休日編」です）、ゆっくり体と肝臓を休めましょう。

Column 2

選りすぐり！「早押しクイズ」集

クイズ作家として作成してきた中で特に印象に残っている早押しクイズの問題を、少しご披露します。皆さんもボタンに手をかけているつもりで考えてみてください！

Q. ４００字詰め原稿用紙。３行をビッシリ埋めると、空白は何マス？

正解は「３４０マス」。原稿用紙が何マス×何マスかの知識と、瞬時の計算力が問われます。番組スタッフに「こういう問題、大歓迎！」と褒めていただきました。

Q.「一味唐辛子」と「七味唐辛子」。よーく混ぜると、何味唐辛子？

正解は「七味唐辛子」。七味唐辛子の材料に「唐辛子」がありますから、混ぜると辛――い七味ができます。間違っても「八味唐辛子」はできません（笑）。

Q. 三択問題です。……この「三択」とは何という言葉の略？

正解は「三者択一」。反則すれすれの問題ですね（笑）。このときの出題者が福澤朗さんでしたので、その声や独特のリズム、歯切れの良さを意識して作ったのを覚えています。

Q. トランプを混ぜるのはシャッフル。では「トランプ」の4文字をシャッフルしてできる哲学者の名は？

正解は「プラトン」。これはあまりにもヒネリすぎて採用されなかった記憶が（笑）。このコラムで取り上げたように、教科書的な問題ではなく、「変化球」ぽい問題こそ、作家の知恵が試されます。クイズ番組をご覧になるときは注目してみてください。

3章 起きてから寝るまでの雑学（休日編）

今度は休日編！
ゆっくりお楽しみください。

休日の朝

お休みの日は楽しい雑学がたくさんあります。

休日の朝にゆっくり飲みたいコーヒー。コーヒーカップに付き物なのが下に敷く「ソーサー」。あれはもともと、熱いコーヒーをソーサーに移し替えて、冷まして飲むための道具でした。

朝はコーヒー派ではなく、紅茶派だという方には次の雑学を。

紅茶を飲むときに使うティーカップには、飲み口が外側にゆるく広がった形をしたものがあります。あれは注いだ紅茶の表面積をできるだけ大きくして、光を取

り込んで色鮮やかに見せるための工夫だといわれています。

コーヒー派でも紅茶派でもない！　私は緑茶派だ！　という方には次を。

コーヒーカップやティーカップには取っ手がついていますが、緑茶を飲む「湯のみ茶碗」には取っ手がついていません。あれは熱々のお茶を味わえるよう、手で持ったときに温度をたしかめられるように、との配慮からあえて取っ手をつけていないのです。

湯のみ茶碗について、少しだけ脱線します。

お寿司屋さんの湯のみ茶碗には、よく「魚へん」の漢字が書かれていますが、魚へんの常用漢字で「魚類」でないものが2つだけあります。正解は「鯨」と「鮮」。「鯨」はむかし魚だと思われていたため。「鮮」は魚も羊も新しくないと食べられないことから「取れたて」の意味で使われるようになりました。

休日の朝にはコーヒーや紅茶と一緒に、トーストもゆっくりと頂きましょう。

「食パン」というネーミング。パンはほとんど食べられるのに、なぜわざわざ「食」という言葉を付けたのでしょうか？　実は「食パン」は略語。菓子パンではなく主食として食べられるパン、という意味で「主食パン」が「食パン」になったといわれています。

パンケーキ。「パンなの？　ケーキなの？」と思ってしまいますが、実はこの「パン」とは食べ物のパンではなく、フライパンのパンなのです。パン（平鍋）で焼いたケーキ、という意味です。

トーストにもパンケーキにも欠かせないのがバター。

バターが生まれたのは今から5000年ほど前だといわれていますが、古代ローマ時代には、バターは食べ物ではなく「塗り薬」として使われていたそうです。体を柔軟にする効果があったとか。今でいうオイルマッサージのようなものだったのですね。

バターに似ているマーガリンについて。「似ている」のには理由があるのです。

マーガリンは、実は懸賞で発明され、優勝した（？）食べ物。19世紀後半のフランスでバターが欠乏したため、ナポレオン3世がバターの代用品を懸賞募集したところ、ムーリエという化学者が考案して誕生しました。

食べ物の「マーガリン」と花の「マーガレット」。名前が似ている通り、語源はどちらも「真珠（ギリシャ語でマーガライト）」。マーガリンは製造の工程で真珠のような輝きを出すことから、マーガレットはもちろんその美しい白さから名付けられました。

女性の名前の「マルゲリータ」「マルガリーテ」なども同じく「真珠」を語源とします。では続いてせっかく休日編なので、「休日」にまつわる雑学。

名作映画の『ローマの休日』。口の中に手を入れるシーンで有名な「真実の口」は、古代ローマ時代の道路にあった下水道のマンホールの蓋で作られています。水に関係あるからでしょうか、海の神様ポセイドンの息子である「トリトン」が描かれています。

「海の王の星」と書く海王星は、「トリトン」という名の衛星を持っています。では、マンホールについて、1回だけ脱線。

マンホールの蓋が丸いのは、ずばり下に落ちないため。四角い形だと、蓋を地面に対して垂直に立てた場合、対角線上だと落ちてしまう可能性があります。丸い形だと、どのように立てても落ちません。このマンホール、もちろん「人（マン）」が通る「穴（ホール）」の意味です。

休日は土日だけではありません。うれしい「祝日」についての雑学も一つ。

国民の祝日。実は法律で、「前日」と「翌日」がどちらも国民の祝日にあたる日は休日とする、と定められています。ということは、もし5月1日が国民の祝日になれば、まるでオセロのように4月30日と5月2日が休日になります。なんと4月29日から5月5日までが7連休になるのです。

かつて5月4日が「国民の休日」とされていたのはこの法律によるものだったのですね（現在は「みどりの日」として国民の祝日になっています）。さて、せっかくの休日も「うんちく」だらけでは台無しなので、外に出掛けましょう！（まあこの本の性質上、出掛けてもうんちくだらけですが……）

ドライブ

自動車で運転席の隣の席を「助手席」といいますが、なぜ「助手」なのでしょうか？　実は、大正時代ごろの車は今と違って性能がよくなく、エンジンを起動させるのも一苦労。またお客も着物姿なので乗り降りするのにまた苦労。それらの手助けをする「助手」が必要だったのです。

助手席に座る人は、昔は車の運転に重要な役割を果たしていたんですね。しかし現代でも、重要な役割を担う場合があります。

自動車に不可欠な非常点滅表示灯、いわゆる「ハザードランプ」。前方に危険があることを知らせるランプですが、これをつけるスイッチは運転席と助手席のあいだに設けられることが多くなっています。これはドライバーに万一のことがあった場合、助手席側からも操作できるようにするため。

さて、自動車に万一のことがあった場合には、ナンバープレートが大きな役割を果たします。そこにはこんな配慮が。

車のナンバープレート。よく見ると、4ケタの数字のあいだに短い横棒（ハイフン）がついています。これは、事故などが起こって連絡する場合に、ナンバーを覚えやすくするため。2ケタずつ区切ったほうが、本能的に覚えやすくなるそうです。

車のナンバープレートの左側にある、ひらがな1文字。そこには使用されない仮名が4つだけあります。それは「お」「し」「ん」「へ」。「お」は「あ」と見間違えやすいため、「し」は死を連想させ縁起が悪いため、「ん」は発音しにくいため、そして「へ」は……なんと屁を連想させるため。これホント。

では、いよいよドライブへ！

コンビニなどで売られているボトル入りのガム。この商品がヒットしたきっかけは、ボトル底のサイズを自動車のドリンクホルダーにピッタリ収まるようにしたためといわれています。眠気を防止したいドライバーの心をつかんだのですね。

ガムはチョコレートと一緒に食べると、口の中で溶けてしまいます。ドライブ中、ガムを食べたいほど眠くて、チョコを食べたいほど疲れているときは要注意！どちらも口の中でなくなってしまいます。

ガムは油脂に溶ける性質を持っているのです。だからガムと大トロを一緒に食べても溶けてしまいます（そんな人、誰もいないと思いますが）。

ドライバーに一時停止を促す、道路上の「とまれ」の3文字。平成10年以降、順次「止まれ」と漢字表記化が進んでいます。この理由の1つは、「止」の1文字だけを見てもドライバーが「一時停止」だと認識できるようにするため。

日本で一番南にある道路標識は、「止まれ」。

人が住む島としては最も南にある、沖縄県の波照間島《はてるまじま》にあります。逆に、日本で一番北にある標識は北海道の宗谷《そうや》岬にある「駐車禁止」。

「どうやって注意すればいいんだよ!」という定番のツッコミでもおなじみの「落石注意」の道路標識。実は「すでに落ちている石に注意」という意味も含まれています。法令上、「落石」には「落ちてくる石」と「落ちている石」の2種類

があるのです。

小腹が空いたのでドライブスルーに寄りましょう。

ドライブスルーは、自動車だけでなく、牛や馬、ゾウなどで利用することも（法律上は）可能です。これらの動物は「軽車両」に分類されるからです。ただし、かなりの勇気が必要です。

お腹が満たされたところで、高速道路へ！

高速道路などにあるトンネル。中の明るさは均一ではなく、原則として出入口付近は明るく、内部に行くにしたがって少しずつ暗くなっていきます。昼間など、明るさに慣れているドライバーが急に暗いトンネルに入ると減速してしまい、渋滞につながるなどの理由からです。

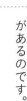

高速道路といえば、うれしくない渋滞と、うれしいサービスエリア。

これまでで最も長い渋滞記録は「154キロメートル」。豪雪と年末の帰省ラッシュが重なったのが原因でした（1995年12月、名神から東名にかけての下り線で発生）。

冬にうれしい「あったか〜い」の自動販売機が初めて設置されたのは、高速道路のサービスエリアでした。ポッカの創業者が、長距離運転などの運転手がどこでも気軽に温かい缶コーヒーが飲めるように、というアイデアを思い付いたのが名神高速の養老サービスエリア。ここに第1号機が置かれました。

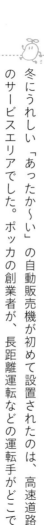

ポッカの社名は「ぽっかぽか」から来ているのかと思いきや、ゴルフウェアなどでおなじみの「ニッカーボッカー」に由来するそうです。

高速道路のサービスエリアの駐車場は、車を斜めに停める場所が多くなっています。その理由は、進行方向に停車することで、高速道路の逆走を防ぎやすくするため。

サービスエリアでの休憩も終わったところで、いよいよ目的地に到着です。まずは無難に(？)動物園に行きましょう！

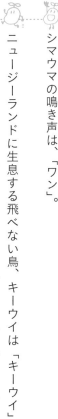

動物園

動物園の人気者、キリンは立ったまま出産します。つまり、キリンの赤ちゃんは約1～2メートルの高さからドスンと産み落とされるのです。そんなキリンの鳴き声は、「モー」。

ということで、定番の「鳴き声ネタ」をいくつか。

シマウマの鳴き声は、「ワン」。

ニュージーランドに生息する飛べない鳥、キーウイは「キーウイ」と鳴きます。これは偶然ではなく、鳴き声から動物名が付いたのです。ちなみにキウイフルーツは、見た目が鳥のキーウイの後ろ姿に似ているところから命名されました。

鳴き声といえば、こんな話も有名です。

ハトは「クックッ」と鳴くことから「九（ク）」＋「鳥」で「鳩」。ネコは「ミャオ」と鳴くことから「苗（ミョウ）」＋「犭（けものへん）」で「猫」。カラスは「ガー」と鳴くことから「牙（ガ）」＋「鳥」で「鴉」。

蚊は「ブーン」という羽音がすることから、虫へんに「文（ブン）」と書いて「蚊」。

次は、動物園の人気者にまつわる命名秘話。

動物園の人気者、パンダ。実はもともと「パンダ」と呼ばれていたのは「（現在の）レッサーパンダ」のほう。しかし後に大きな「（現在の）ジャイアントパンダ」が発見され、こちらがメイン扱いされたため、本来元祖であるパンダに「小さいほう」を意味する「lesser（レッサー）」が付いたのです。

ちょっとレッサーパンダがかわいそうですね……。

中国の四川省にあるパンダ繁殖センターでは、オスのパンダが発情期に入ると、性教育の一環として、交尾の仕方を学ばせるビデオを観賞させます。勉強になりそうですね。

パンダと並ぶ動物園の人気者といえば、ゾウ。

ゾウの長い鼻は、人間でいうところの「上くちびる」が変化したもの。ちなみにゾウの鼻を英語でいうと、「nose」でも「lip」でもなく、「trunk（トランク）」。「幹」を表す英単語と同じですが、なんとなく納得です。

ところで、日本にはまるで動物園のような県があります。

三重県の市には動物がたくさん隠れています。鈴鹿市の「鹿」、熊野市の「熊」、亀山市の「亀」、尾鷲《おわせ》市の「鷲」、鳥羽《とば》市の「鳥」。もっといえば、松阪市には「牛」、伊勢市には「海老」、桑名市には「蛤《はまぐり》」が付き物ですね。動物だらけの県です。

動物園でもひと際目立つフラミンゴ。和名を「ベニヅル」というくらいで、鮮やかなピンク色をしていますが、実は生まれたときの体の色は「白」。エサに含まれる赤い色素の影響で、体がピンク色（白＋赤）になるのです。

同じような色をしている生き物がほかにも……。

今では定番となったクイズ問題に「鮭《さけ》は赤身魚、白身魚のどっち？」というのがあります。正解は「白身魚」。鮭がエサとして食べるプランクトンに赤い色素が含まれるため、体がサーモンピンクになるのです。

この色素の名前は「アスタキサンチン」といい、エビやカニの殻にも多く含まれています。では、魚が話題になったので、水族館に向かいましょう。

水族館

水族館の人気者といえばイルカ。実は、イルカの鼻は、頭の上にあります。水中で呼吸するのに都合がいいからです。

白くてぷよぷよした体がかわいいシロイルカ。イルカと同じく頭上に鼻（噴気孔）があり、呼吸するたびに鳥のような綺麗な音色を出すことから「海のカナリア」の別名を持ちます。しかし、鳥の「カナリア」はもともとラテン語で「犬」という意味。語源であるカナリア諸島に犬が多くいたからといわれます。

次はイルカと並ぶ水族館の人気者、ペンギンについて。

ペンギンといえば、陸に上がるとブルブルッ！　と首を左右に振る動作を見かけます。あれは寒いのではなく、人間でいう「くしゃみ」のようなもの。海水に含まれる塩分を摂取しすぎないよう、目の上から塩分を外に排出しているのです。ウミガメが目から涙のような液体を流すのも同じような性質の行動です。

ちなみに……。

人間がトイレの後や寒さによってブルブルッ！　となる現象の名前は、「シバリング」。

2つ前のネタにウミガメが出てきたので、こんな雑学を。

ウミガメは、砂浜に深さ60センチもの穴を掘って産卵します。実は、卵の中にいるウミガメの赤ちゃんがオスになるかメスになるかは、砂の中の温度によって決まるのです。29度未満の場合はオス、ちょうど29度の場合はオス・メスが半々、

30度以上の場合はメスが生まれるといわれます。

オスとメスが出てきました。水族館から脱線しますが、あの2つの記号について。

「♂（オス）」と「♀（メス）」の記号は占星術に由来します。オスを表す「♂」は、火星の軍神・マルスにちなんで「楯と槍」をデザインしたもの。メスを表す「♀」は、金星の美の女神・ヴィーナスにちなんで「手鏡」をデザインしたものなんです。

ここからは水族館にいる生き物について、クイズ形式でご紹介！

水族館や動物園にはシロクマがいますが、シロクマの毛の色は何色でしょう？ 正解は、「白（シロ）」ではなく「無色透明」！ 太陽の光を体の表面に無駄なく受け取り、寒さに耐えられるシステムになっています。光が散乱して毛に反射するため、白く見えているのです。

水族館を彩るエンゼルフィッシュの模様は、「縦縞《たてじま》」「横縞《よこじま》」のどちらでしょう？　正解は「横縞」！　泳いでいるときの姿は縦縞に見えますが、生物の縞は原則として「頭を上にして」見るのです。だから、シマウマも「横縞」の動物です。

「しま模様」の話になったので、少しだけ脱線します。

「しま模様」という言葉は、南の島から伝来したので、その名がついた。この話は「ホント」「ウソ」のどちらでしょう？　正解は「ホント」！　ミクロネシアの島々から日本に模様が伝わったときに「島模様」と呼んでいたのが「縞模様」に転じたそうです。

水族館にはカニがいます。漢字で書くと「蟹」。ではなぜ「解」という字が使われているのでしょう？　正解は、カニの体はさまざまな部分に「分解」できるため。ちょっと残酷な漢字ですね。

僕の好きな記念日に「かにの日」があります。数字に運命を感じます。

「かにの日」は6月22日。その理由は、五十音表で、「か」は最初から数えて6番目の文字、「に」は22番目の文字だから。さらに、十二星座占いで「かに座」は6月22日から始まるのです！「かに」で考えられる日付はこの日しかないですね。ちなみに、この記念日を制定したのは「かに道楽」です。

続いては水族館の安全にまつわる知恵をいくつか。

大阪の海遊館などの水族館には「金属探知機」が置いてあります。一体何に使うのでしょうか？ ヒントは、飼育している魚の安全面を考慮してのことなのですが……正解は「魚に食べさせるエサに釣り針が入っていないか確認するため」。

水族館にはサメもいます。万が一サメに襲われそうになったときは「乾電池」を1本持っていると、サメは退散します。サメは、小魚が流す微量の電流を感知してエサにするのですが、乾電池の電流は、その約3000倍。これにビックリして逃げ出すのです。

でも問題は、サメに襲われたときにタイミングよく乾電池があるかどうかですね！

サメを漢字で書くと「鮫」。これはサメが魚類の中では珍しく「交尾」をする魚であるため、「魚へん」に「交わる」と書く、という説があります。

水族館にはいませんが、物語の中では人気の「人魚」。数え方は「1人、2人」「1匹、2匹」のどちらでしょうか？　正解は「1人、2人」！　人間と同じように恋をしたり、喋ったりする場合は「人間と同類」とみなされるため、人間と同じように数えるのです。

では、同じく空想上の「鬼」はどのように数えるのでしょうか？

おとぎ語などに登場する「鬼」は、凶暴なときは「1匹、2匹」で、改心して人間らしくなると「1人、2人」になるそうです。

いつの間にか水族館を離れてファンタジーの世界に来てしまいました。というわけで、次は夢と魔法の王国、ディズニーランドに行きましょう！

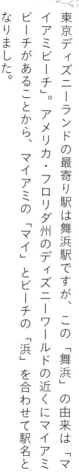

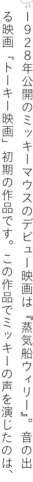

遊園地

東京ディズニーランドの最寄り駅は舞浜駅ですが、この「舞浜」の由来は「マイアミビーチ」。アメリカ・フロリダ州のディズニーワールドの近くにマイアミビーチがあることから、マイアミの「マイ」とビーチの「浜」を合わせて駅名となりました。

「舞」の字が選ばれたのは、舞いたくなるほど楽しい、という意味が込められているため、ともいわれます。

1928年公開のミッキーマウスのデビュー映画は『蒸気船ウィリー』。音の出る映画「トーキー映画」初期の作品です。この作品でミッキーの声を演じたのは、なんとディズニーの創始者であるウォルト・ディズニーでした。

1960年の第8回冬季五輪はアメリカのスコーバレーという都市で開催されましたが、その開会式を演出したのもウォルト・ディズニーでした。

世界初の長編カラーアニメはウォルト・ディズニー制作の『白雪姫』。この作品はアカデミー賞特別賞を受賞しましたが、そのときのオスカー像には、一緒に小さな7つの像がついてきました。もちろん7人の小人たちにちなんだもの。粋な演出ですね。

パソコンの「マウス」の移動距離を表す単位は、「ミッキー」。

マウスが100分の1インチ動くと「1ミッキー」になります。

東京ディズニーリゾートで、地面からの高さが一番高いアトラクションは「タワー・オブ・テラー」で、その高さは59メートル。実は60メートル以上の建造物は航空法により赤いランプ（航空障害灯）を設置しなければいけないのです。景観を損なわないようにギリギリの高さにしたのかもしれません。

茨城県にある日本一巨大な仏像「牛久大仏」の高さは120メートルなので、頭頂部に赤い航空障害灯が付いています。

「高層ビル」と「超高層ビル」の境目は、高さ「60メートル」。

『建築基準関係法令集』によります。では続いて、ディズニーランドだけではなく、遊園地に関するマメちくいろいろ。

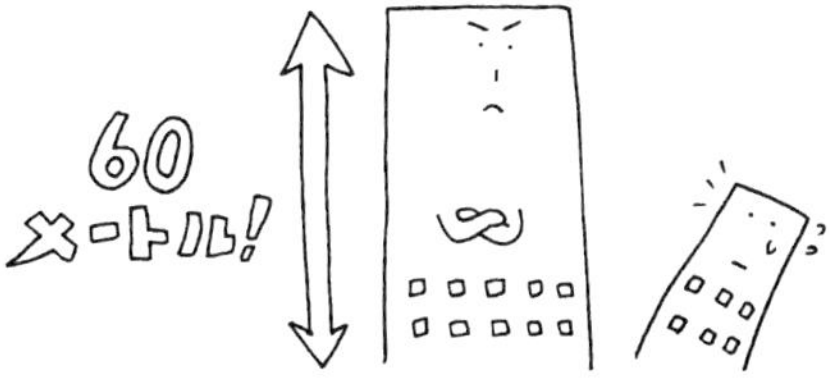

遊園地といえば観覧車。一般に、観覧車のゴンドラは丸い形をしていますが、そ

の理由は、風の影響を最小限にして揺れを抑えるため。四角いゴンドラだと、角の部分ができて風の力を受け、揺れが大きくなってしまいます。

遊園地の定番、お化け屋敷。お客をより怖がらせるには、お化け役の目と目の間隔は「狭い」ほうが効果的だとか。両目の間隔が狭いのは「肉食獣」の特色。人間が本能的に恐れる肉食動物の外見を想起させ、恐怖心を煽れるそうです。

メリーゴーラウンドが日本で初めて紹介されたのは明治36年。現在は「回転木馬」と訳されますが、当時は「快回機」と呼ばれました。たしかに「メリー（merry）」は「愉快な」、「ゴーラウンド（go-round）」は「回る」、ですね。

ジェットコースターは、夏と冬で速さのスピードが異なる場合があります。それは車輪に塗るグリスと呼ばれる潤滑油が、温度が高いと柔らかく、低いと固くなる傾向があるからです。そのため、夏の夕方が一番ジェットコースターが速く走る可能性が高いです。

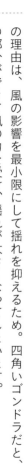

僕は乗れません……。

山梨県にある遊園地、富士急ハイランドにあるジェットコースター「高飛車」の落下角度はなんと121度！　この角度はギネス世界記録に認定されました。
同じく富士急にある2つのジェットコースター。「ド・ドドンパ」は、スタートわずか1・56秒で時速180キロに達します。「ええじゃないか」は、足が投げ出された状態で座り座席の回転数が、1回の乗車につき14回転。どちらもギネス世界記録に登録されています。

ジェットコースターに乗ってフラフラ……顔が真っ青です。ちょっとデパートで体を休めましょう。

デパート

デパートの1階の出入口付近は多くが「化粧品売場」になっています。もちろん女性客を惹きつけるためというのもありますが、1階には出入口があるため通気性がよく、化粧品の匂いが充満するのを防ぐという理由もあるそうです。

業界にはさまざまな隠語がありますが、デパート業界で「五《ご》八《はち》様」と呼ばれるのはどんなお客様でしょう？　正解は「常連客」。これは、「五」と「八」を掛け算すると「5×8＝40」、つまり「『しじゅう』来てくださるお客様」という意味が込められているそうです。

掛け算の「九九」で思い出されるのが、この雑学です。

「1日中」という意味で使われる「四六時中」という言葉は「4×6＝24」、というところからきています。

江戸時代には1日を12の時間に区切っていたので、「二六時中」という言葉が使われていました。

デパートでは、隠しメッセージ的なBGMが流されたりします。たとえば、ジーン・ケリー主演でおなじみの映画音楽『雨に唄えば』が流れれば「外で雨が降ってきましたよ」という合図。これを聞いた店員さんは、商品の包装を雨仕様にするなどのサービスを行います。

『ピンク・パンサーのテーマ』が流れると「万引き犯が現る！」のメッセージ、というデパートもあるとか。

デパート業界には「シャワー効果」という専門用語があります。まずお客を催し物などで上の階に誘導し、下の階に降りる際にできるだけ買い物をしてもらう戦略。レストラン街が最上階にあったり、トイレが1階にはなく上の階にあったりするのには、そういう理由があるんですね。

反対にデパ地下などを充実させてお客を呼び込み、下から上の階に誘導させる戦略を「噴水効果」と呼びます。

デパートに限らず、建物のフロアで見かける非常口マーク。あのデザインを考案したのは日本人で、現在では国際標準になっています。

ちなみに、非常口には「緑地」のものと「白地」のものの2種類がありますが、それぞれ意味が異なります。緑地は「非常口そのもの」、白地は「非常口がある方向を示すもの」。今度意識して見てみると、白↓白↓白の先に緑があったりしますよ。

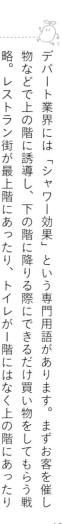

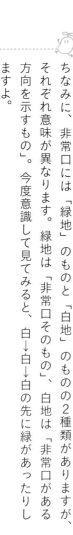

デパートだけではなく、いろんな有名店にも行ってみましょう。

渋谷にあるファッションビル「SHIBUYA109」の「109」の由来が親会社の「東急」なのは有名ですが、実は営業時間にも関係が！　開店時間が午前10時、閉店時間が午後9時ということから、「10」と「9」の数字を取って命名されたともいわれています。

ファッション店では、首より上がないマネキンを多く見かけます。その理由は、お客さんがその服を着たイメージを頭の中で自由に描けるようにするため。顔があると、どうしてもファッションのイメージが先入観で固定されてしまいますからね。

最後は家電量販店についてのいろいろ。

ヤマダ電機のＣＭソングでおなじみの「♪ヤマ〜ダ電機」のメロディを作ったのは、お笑いコンビのさまぁ〜ず（当時バカルディ）の大竹一樹さん。ＣＭの撮影中の何気ない鼻歌がもとになっているそうです。

次は、誰もが疑問に思ったことがあるかもしれない、あのお店の名前の由来。

ビックカメラの社名は「ビッグ」ではなく「ビック」。この「Bic」とはインドネシア・バリ島のスラング（俗語）で、「中身があって大きい」という意味。一説には、創業者がバリ島で現地の子どもと木登りで対決して勝利し、子どもたちに「Bic! Bic!」と称賛されたことから名付けた、とも。

この本も、一つ一つの知識は小さくても、全体としては「Bic」でありたいと願いつつ、休日も日が暮れてきました。夕飯にしましょう！

ファミリーレストラン・ファストフード

ファミリーレストランの出入り口は、ドアが二重になっている店舗が多いのですが、なぜでしょうか？　その理由は、外気の流入を防ぎ、レストラン内の温度を一定に保つため。ドアとドアのあいだの小さな空間は「風除室」と呼ばれます。

ホテルの出入り口などにある回転ドアも、同じような目的で設置されています。

ファミレスの多くはフロアが1つしかありません。2階建てのお店でも、1階部分は駐車場になっています。その主な理由は人件費。ファストフードがセルフサービスなのに対して、ファミレスでは注文を取って料理を運び、片付けを行うのはすべて店員の皆さん。経営効率を考え、1フロアにしてあるのです。

ファミレスのテーブル上にある伝票入れは、上の部分が斜めにカットされています。これは、伝票入れが床に落ちてしまった場合、重心が偏っているためにコロコロと遠くまで転がりにくい（長いほうが下になる）利点があるため。

また、斜めのほうが切断面の面積が大きくなるため、伝票を入れやすくなるメリットもあるそうです。

中華レストランの「バーミヤン」のロゴマークには桃が描かれています。これは、中国では昔から桃が不老長寿の果物として親しまれているためだそうです。

「桃」が出てきました。少しだけ脱線しますが、なぜ「木へんに兆」なのでしょう？

2つに割れた、お尻のような形をしている果物の「桃」。漢字では「木へんに兆」と書きますが、それは「兆」という漢字が左右2つに割れた形をしているため。

続いてファストフード店にまつわる雑学を。左右対称の話題が出てきましたので、同じく左右対称の「M」の話からスタートします。

マクドナルドの黄色いロゴは「M」の形をしていますが、あれは頭文字の「M」ではありません！ シカゴに建てられたマクドナルド1号店の建物には、両サイドの地面から屋根に金色の2本のアーチが架かっていました。そのアーチが角度によって「M」に見えたことから現在のロゴになったのです。

「フランス語」と「大阪弁」には意外な共通点があります。どちらも、マクドナルドのことを「マクド」と呼びます。

ちなみに、パソコンのマッキントッシュのことは、大阪でも「マック」と呼ぶようです。

マクドナルドの店頭に立っているキャラクター「ドナルド」の、アメリカでの本名は「ロナルド」。日本人が発音しやすいよう「ドナルド」になりました。

ケンタッキーフライドチキンの日本法人では毎年「チキン感謝祭」が行われます。これは割引セールではなく、企業の関係者が東京と大阪の神社に集まり、大事に育て上げ丁寧にカットされたニワトリに対して感謝の気持ちを捧げるため、心を込めて供養する祭事なのです。

ケンタッキーフライドチキンの店頭に立っている「カーネルおじさん」がかけている眼鏡は、しっかり度が入った本物の老眼鏡です。ちなみにあの眼鏡は、眼鏡の名産地・福井県鯖

どういたしましてコケコッコー
いつもありがとう

江製だとのこと。

続いては、あのお店に関する雑学をクイズ形式で。

サンドイッチチェーン店「SUBWAY（サブウェイ）」の店名の由来となった乗り物は何でしょう？　「地下鉄」と即答した方、残念ながら不正解です！　正解は「潜水艦」。「潜水艦（サブマリン）の形をしたパン」＋「好みの方法（ウェイ）」でサンドイッチを作る、という意味が込められているのです。

だからロゴも「SUB」と「WAY」で色を変えてあるのでしょうね。

最後は、あの有名な牛丼チェーン店について。

牛丼チェーンの吉野家には、券売機がありません。これは、注文や支払いの際に、店員とお客が少しでも会話を交わすことによって生まれるコミュニケーションを大事にしているためだそうです。

突然ですが、「47」という数字からは何を連想しますか？　都道府県の数、赤穂浪士に登場する四十七士、いろは歌の文字数、ハープの弦の本数……いろいろありますが、吉野家の「おたま」の穴の数も47個。盛り付けの際、ご飯に対するつゆの量が絶妙になるそうです。

お腹いっぱいになりました。腹ごなしに、商店街を歩いて帰宅しましょう。

商店街

駅前などにある「交番」は、もともと「交代で番をする場所」という意味の「交番所」が由来。以前は「派出所」とも呼ばれていましたが、現在では「交番」に統一され、国際語としても「KOBAN」が広まっています。

「派出所」という名前が、いまだ元気に息づいている作品がこちら。

「こち亀」の愛称で知られる『こちら葛飾区亀有公園前派出所』。1976年に連載を開始、2016年に連載が終わりました。コミックスの巻数は全200巻。その背表紙に注目すると、巻数のバックに描かれている電話が、黒電話→携帯電話→スマートフォンと変化しています。

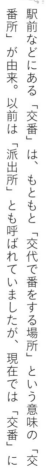

まさに歴史あり、といった感じですね。今度本屋さんに行ったら確認してみてください。というわけで次は本屋さん。

本屋さんに長くいると、なぜかトイレに行きたくなりませんか？　この生理現象には名前が付いています。その名も「青木まりこ現象」。かつて『本の雑誌』の読者投稿欄にこの体験談を寄せた女性の名前が「青木まりこ」さんだったため、この名前が付きました。

そもそも「本」とは何をもって「本」なのでしょう？　その答えが次に。

「本」とは、「49ページ」以上のものをいいます！　正確には、表紙以外の本文が49ページ以上ある、印刷された非定期刊行物、とユネスコが定義しています。それ未満のものは「小冊子（パンフレット）」と呼ばれるそうです。

本屋さんで本を買うと、ブックカバーをしてくれるほかに、しおりを挟んでくれるところが多くなりました。そこで。

読みかけの本の途中に挟む「栞《しおり》」。もともとは山道を歩くとき、木の枝を折って帰りの道しるべとしたことを「枝折《しお》り」といったのが由来なのだとか。山道で迷わないための目印が、どこまで読んだかの目印に転じたのですね。

では、さらに商店街を進んでいきましょう。日常生活の心強い味方「ドラッグストア」がありました。

ドラッグストアなどで瓶に入った錠剤の薬を買うと、中にクシャクシャのビニールのようなものが詰まっています。あれは商品の運搬の際に錠剤が割れないように、クッションの役目を果たすためのもの。だから買って蓋を初めて開けたら、そのまま捨ててしまって大丈夫です。

「薬局」と「ドラッグストア」の違いは何でしょう？　病院が近くにあるかどうか？　残念ながら違います。正解は、薬剤師が常駐して調剤室があるのが「薬局」、それ以外が「ドラッグストア（薬店）」です。

どんどん商店街を歩いてみましょう。パチンコ店がきっかけで普及した物があります。

洗面所などにある「エアータオル」。手を洗った後に強い風を利用して手を乾かす機械ですが、当初は音が大きすぎて不評でした。ところがパチンコ店に設置したところ、店内の音自体が大きいため騒音の苦情がなく、評判に。その後、さまざまな施設に普及していったそうです。

商店街などでお茶を売っているお店では、一緒に海苔も販売していることが多くありますが、その主な理由は、「お茶っ葉」と「海苔」はどちらも温度や湿度に

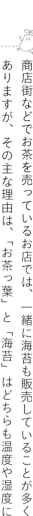

対してデリケートで、保存方法が似ているため。

最後は、「理容院」「美容院」について。まずは、その違いをはっきりさせておきましょう。

「理容院」と「美容院」の違いは何でしょう？　お客が男性か女性の違いでしょうか？　残念ながら違います。正解は、頭髪のカットやシェービングで容姿を整えるのが「理容」、化粧や結髪、パーマなどで容姿を美しくするのが「美容」です。法律により、それぞれ業務の範囲が決められているのです。

そういえば、理容院と美容院では、シャンプーをするときの姿勢が異なりますよね？　その主な理由がこちら。

美容院でシャンプーするときは「仰向け」になりますが、これは女性のお化粧が水で流れないように配慮しているのが大きな理由。ちなみに理容院で「前かが

み」が多いのは、かつて男性が「腹を切る」イメージを嫌ったために、お腹を出さない前かがみの方向にしたのだそう。

多くの理容院の定休日は月曜日です。これは、第二次世界大戦前後に全国的な電力不足となり、電力の供給を停止する「休電日」が月曜日に設けられたことが大きな理由。業務上、理容院は電気を多く使用するため、休電日を定休日としました。その名残として現在も月曜定休が多いのです。

多くの不動産屋の定休日は水曜日。これは契約が「水に流れないように」とのことで、あえて水曜日を避けたこととの名残なのだそうです。

「休日」の章で「休日」の話題が出てきたところで商店街も店じまい。家に着けばこの章もいよいよ大詰めです。月曜定休がちょっとうらやましくなる時間帯、日曜夜の話題で締めくくりましょう。

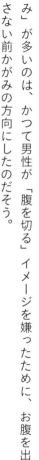

日曜のテレビ～就寝

日曜お昼といえば『NHKのど自慢』。当初は、合格者には「合格です」、不合格者には「結構です」と司会者が口頭で伝えていました。ところが「結構です」がよい意味で取られる誤解が生じたため、現在の「鐘」が導入されたそうです。

続いて、夕方の国民的長寿番組について。

日曜日の夕方に放送されている『笑点』の番組名の由来のひとつに、番組開始時に流行していた、三浦綾子さんの小説『氷点』をもじったという説があります。

誰もが知っている『笑点』のおなじみのオープニングテーマには、実は歌詞があります。作詞は前田武彦さん。「♪ゲラゲラ笑って見るテレビ〜」と始まります。

3章もいよいよ大詰めですが、続いては少し高尚な話題です。

『笑点』は大喜利が有名ですが、この「おおぎり」とはもともと歌舞伎用語。江戸時代の歌舞伎は2つの演目に分かれ、1番目の演目のラストシーンが「大詰め」、2番目の演目のラストシーンが「大切り」と呼ばれました。どちらの言葉も現代に生きていますね。

縁起を担いで「切り」に「喜利」の字を当てたのです。

『笑点』といえば座布団ですが、座布団は正方形ではなく、少し縦長の長方形です。それは、正座をしたとき、折りたたんだ足を座布団の内側に収めるため。膝下のほうが長くなるため、奥行きが若干長いのです。

時刻は18時になりました。

アニメ『ちびまる子ちゃん』の家族、さくら家。主人公の「ももこ」、おじいちゃんの「友蔵」、お父さんの「ひろし」は有名ですが、この際全員覚えましょう。お母さんは「すみれ」、お姉ちゃんは「さきこ」、おばあちゃんは「こたけ」です。

ちびまる子ちゃんを演じている声優TARAKOさんは、スタジオジブリのアニメ映画『となりのトトロ』のワンシーンで、メイ（主人公姉妹の妹）のセリフの一部を代役として演じています。そのセリフは「おねえちゃんのバカー！」。『ちびまる子ちゃん』でもよく聞かれるセリフですね。

そんなTARAKOさんは、実際にタラコを食べてお腹を壊してしまったことがあるそうです。

アニメ『サザエさん』のエンディング曲は、実は1番ではありません。その理由は、1番の歌詞が「♪2階の窓を開けたらね」で始まるため。磯野家はアニメでは平屋ですからね。2番と3番の歌詞をミックスしたものが、現在流れています。

磯野家のご先祖様の名前は「磯野藻屑源素太皆（いそのもくずみなもとのすたみな）」。お彼岸にオハギを38個食べて評判になった人物だそうです。

磯野家の長男であるカツオの初代声優を務めていたのは、かつてドラえもんを務めていた大山のぶ代さん。

『サザエさん』の登場人物が海産物の名前にちなんでいるのは、作者の長谷川町子さんが福岡市の海岸を散歩しているときにアイデアを思い付いたからだそうです。

エンディングで、サザエさんにジャンケンで勝つとうれしいですよね。

というわけで3章・休日編はここまで。クイズはあらゆるものが素材となるため、平日も休日も関係ないということがわかってしまいました！

Column 3

クイズ番組の大きな変化

僕はクイズ作家になって25年になります。その間、僕が見てきたクイズ番組には、大きなブームの変遷がありました。「漢字ブーム」「珍解答ブーム」「雑学ブーム」「超難問ブーム」「謎解きブーム」などなど。その都度、時代ごとに求められるクイズのテイストが異なるので、何とか時代に合わせてクイズ作成や監修を行う大変さを日々実感しています。

そして、もう1つクイズの世界に大きな出来事がありました。2021年9月26日、それまで46年半にわたって親しまれてきた『パネルクイズ・アタック25』（朝日放送系）の地上波放送が終了してしまったのです（2022年にBSで復活したことは実に喜ばしいニュースでした）。この一件が象徴しているのは、お茶の間で、家族と一緒に競う正統派の「早押しクイズ」が絶滅に瀕していること。

このようにクイズ番組は、耳だけで問題文を聞きとってクイズに答えるシンプルさよりも、インパクトのあるビジュアル（画像）を使用して様々な形式でクイズを楽しむ形に様変わりしたのです。たとえば1分間で12問のクイズに解答する『超タイムショック』（テレビ朝日系）でも、従来の形は残しつつ、12枚のビジュアルを使ったラウンドの比率が増え、より視覚的に楽しめるようになっています。

この状態の「善悪」を論じるつもりは毛頭ありませんが、やはり、早押しクイズが持つ特有の緊張感が味わえなくなるのは寂しい限り。

問題が読まれて、何を聞かれているのかを推理しながら、頭をフル回転させる。解答権を取ればランプがついて、全員に注目されて、名前を呼ばれて、正解と思われる言葉を発する。正解の場合には「ピンポン♪」のチャイムが鳴り、万雷の拍手や賞賛を浴びながら、得点も増える。この小さな成功体験は、けっこう病みつきになります。

テレビ番組以外の場所でも、こんな早押しクイズを体験できるような常設スペースやイベントも増えています。僕も出題者として、超初心者の人でも楽しめる2時間程度のクイズ企画を定期的に行っています。ちょっとした知的な非日常を味わいたい方、ぜひインターネットなどで検索して、参加してみてくださいね。「問題！」と読まれて早押しボタンに向かう緊張感は、他では味わえない特別に楽しいものですよ。

4章

「ネーミング」の雑学

商品名、社名から
ミュージシャンのグループ名まで
—— ネーミングには
知恵と笑いが詰まっています。

ネーミングの雑学

それでは数珠つなぎで62連発、行ってみましょう！

「カルビー」の社名は、カルシウムの「カル」とビタミンBの「ビー」を合わせて名付けられました。健康に役立つ製品を作りたいという願いからだそうです。

では、そのカルビーの人気商品にまつわるネーミングマメちしく。

カルビーの「かっぱえびせん」。なぜ「かっぱ」なのでしょうか？　実は昭和20年代に流行した漫画『かっぱ天国』（作・清水崑《こん》）のキャラクターを、前身であるお菓子「かっぱあられ」のパッケージに採用。その後「えびせん」になりイラストは海老になりましたが、商品名には「かっぱ」が残ったのです。

人気のおやつをもう1つ。

カルビーの「じゃがりこ」。「じゃが」はじゃがいも、「りこ」は開発担当者の友人である「りかこさん」が美味しそうに商品を食べている姿から名前を採用。「じゃがいも」＋「りかこ」を縮めて「じゃがりこ」となりました。

「じゃがりこ」のパッケージにはキリンが描かれていますが、同じくキリンがキャラクターのこの企業。

おもちゃ店の「トイザらス」。この店名は創業者であるチャールズ・ラザラス氏の「ラザラス」と、「Toys《トイズ》 are《アー》 us《アス》.（おもちゃといえば私たち）」の言葉をかけて命名されました。

では、なぜ「ら」だけ平仮名なのでしょうか？

英語では「Toys Я us」の「Я」が左右反転しています。これは字を習い始めたばかりの子どもによくある間違いで、「子どもたちにも親しみを持ってもらえる店」の願いから鏡文字にしたとのこと。日本語版のロゴにもこのニュアンスを残すため、「ら」だけ平仮名になっているのです。

では、ここから古今東西いろいろな「おもちゃ」のヒット商品のネーミングシリーズ。

1958年のヒット商品「フラフープ」。腰を使って回している姿が、ハワイの「フラダンス」に似ているところから名前が付きました。ちなみに、フラダンスの「フラ」はハワイの言葉で「ダンス」の意味。つまり直訳すると「ダンス・ダンス」になってしまいます。

この「フラダンスパターン」はほかにも。「チゲ鍋」の「チゲ」は韓国語で「鍋」、「サルサソース」の「サルサ」はスペイン語で「ソース」、「サハラ砂漠」の「サハラ」はアラビア語で「砂漠」です。

任天堂のゲーム機「Ｗｉｉ（ウィー）」の由来は、「私たち」という意味の英語「We」から。表記が「ｉｉ」となっているのは、「ｉ」の文字がＷｉｉのコントローラーの形に似ていることや、「ｉ」を人に見立てて、人々が遊ぶために集まっている様子をイメージしているのだそうです。

90年代に一世を風靡した、デジタル携帯ペットの「たまごっち」。この由来は、形の「たまご」＋機能の「ウォッチ」から。

おもちゃやプラモデルを作るのに欠かせない、次の商品のネーミングにも面白いエピソードがあります。

日本人が発明し、プラモデルを作るのにも使われる接着剤「セメダイン」。「セメント」＋「ダイン（力の単位）」から命名されたという説と、大正時代に隆盛を誇っていたイギリス製の接着剤・メンダインを市場から攻め出したいということで「攻め出せ、メンダイン」を縮めたという説があります。

ちなみに「接着」で思い出されるネーミングといえば……。

日本のかつらメーカーの「アデランス」。アデランスとは、フランス語で「くっついていること、固着」という意味。

おもちゃに戻ります。

かわいい形のミニカー「チョロQ」。この名前は「チョロチョロ走る、キュートな車」ということで、「チョロ」＋「キュー」。

アルファベットの「Q」が出てきたところで、あのキャラクターのネーミングについて。

古くから愛される漫画『オバケのQ太郎』の名前は、作者が小田急線に乗っていたときに、「小田急」から「オバQ」を思いついた、とする説があります。

ではここから、人気漫画のキャラクターの由来をいくつかご紹介。

流行語大賞にも選ばれた『ゲゲゲの鬼太郎』の「ゲゲゲ」は、作者である水木しげる氏のアダ名が「ゲゲ」だったことから。本来は『墓場の鬼太郎』というタイトルだったのですが、テレビアニメ化にあたり「墓場」では怖すぎる、ということで『ゲゲゲの鬼太郎』になりました。

『天才バカボン』が『週刊少年マガジン』に初めて連載された回、その扉には「バカボンとは、バカなボンボンのことだよ。」という言葉が書かれています。英語で「放浪者」を意味する「バガボンド（vagabond）」という言葉を作者の赤塚不二夫氏が好んでいたからともいわれます。

同じく赤塚不二夫氏の作品『もーれつア太郎』は、マンガ業界で「猛烈にヒットさせよう（当たろう！）」からきているそうです。

ここ最近では『おそ松くん』でも有名な漫画家・赤塚不二夫氏ですが、本名は「赤塚藤雄」。ペコちゃんで人気の「不二家」から漢字をとって、「赤塚不二夫」にしたそうです。

「藤」↓「不二」にしたんですね。では、本家である「不二家」の社名の由来は何でしょう？

「不二家」の社名は、創業者である藤井林右衛門《りんえもん》の「藤」と、日本一の象徴である「富士山」を意識したそうです。「2つとない存在に」との願いから「不二」の漢字を当てて「不二家」になりました。

不二家の人気キャラクター「ペコちゃん」の「ペコ」は、牛乳を供給してくれる牛の愛称「べコ」を西洋風にアレンジしたもの。ボーイフレンドの「ポコちゃん」は、「幼児」を意味する室町時代の古語「ぼこ」を西洋風にアレンジしたものだそうです。

では、アニメ関連に戻ります。

さまざまな名作を生み出している「スタジオジブリ」。この「ジブリ」とは、アフリカのサハラ砂漠に吹く「熱風」を意味するイタリア語「ギブリ」に由来。アニメ業界に旋風を、との願いも込められているといわれます。

アニメシリーズの最後は、主題歌もおなじみのこの作品。

『魔法使いサリー』。実は当初のタイトルは『魔法使いサニー』でした。しかしアニメ化直前、あのSONYが「サニー」まで商標登録していたため、サニーの「ニ」を縦にして「サリー」にしたのです。反対に、自動車の「日産サニー」はSONYから商標を借りることで発売することができました。

自動車の話題が出たので、こちらのネーミング。創業者の名字とは違うのです。

トヨタ自動車の創業者は豊田佐吉《さきち》氏。この名字は「とよだ」と読みます。初期の車「トヨダ号」のマークを公募したところ、丸の中に「トヨタ」の文字を入れたマークが一等に。デザインが秀逸だったことに加え、「トヨタ」は画数が8画、末広がりで縁起がよいことなどから社名も「トヨタ」になりました。

「豊田《とよだ》」の読み方を凌駕するほど、ロゴのインパクトが強かったのでしょうね。ところで、ドライブのお供に欠かせないのが、こちらの雑誌。

旅行雑誌の『るるぶ』。この「るるぶ」とは、旅の醍醐味である「見る」「食べる」「遊ぶ」のそれぞれ最後の1文字を並べて命名されました。

雑誌の名前といえば、この2つも有名です。

ファッション雑誌の『an・an』。この名前は、モスクワの動物園で飼育されていたパンダの名前「アンアン」に由来します。創刊号の表紙にもパンダのイラストが描かれました(今でも裏表紙の右上にいます)。名前は公募で決まり、男子大学生の案が採用されたようです。

ファッション雑誌の『CanCam』。よく見ると、最後の1文字は「m」です。実は、1つめのキャンは助動詞の「can」、2つめのキャンは「campus」の略。「キャンパスリーダーになれる」という意味が込められているといわれます。

ちなみに、助動詞の「Can」つながりで、もう1つ。

100円ショップの「Can Do」は、低価格で商品を提供し、お客さんに「感動」を与えたい、という意味が込められているそうです。

ファッションから化粧品・健康食品など幅広く扱う「DHC」。もともとは大学生の教科書の翻訳や、翻訳の通信教育などを行う翻訳会社だったことから、「大学翻訳センター」を略して「DHC」になりました。

今やコンタクトレンズもファッションの一部です。

創業当時は「日本コンタクトレンズ株式会社」という堅い名前。しかし後に「目にコンタクトレンズ」の略からシンプルに「メニコン」という親しみやすい社名に変更した、というネーミングのパターンもあります。

コンタクトの次は眼鏡。

リーズナブルな価格で人気の眼鏡店「Ｚｏｆｆ（ゾフ）」。この店名は、アルファベットの最後の文字である「Ｚ」に「ｏｆｆ」をつけて、「究極のオフプライス」を表しているそうです。

このアルファベット「Ｚ」は、いろんなジャンルのネーミングに使用されます。それでは「Ｚ」にちなんだネーミングを３つ。

自動車会社の「マツダ」。アルファベットでは「ＭＡＴＳＵＤＡ」ではなく「ＭＡＺＤＡ」と表記します。これは、ゾロアスター教の善の神様「アフラ・マズダー（Ahura Mazdā）」にちなんで。理性と調和の神様を、企業理念と重ね合わせて命名されたようです。

特撮テレビドラマ『ウルトラマン』の最終回に出てきた怪獣「ゼットン」。その名前は、アルファベットで最後の文字の「Z（ゼット）」と、五十音で最後の「ン」を足して命名されたといわれています。最終回でゼットンはウルトラマンを倒しました。

Zで始まるグループの大ヒット曲について。

90年代にはZOOが、00年代にはEXILEがヒットさせた『Choo Choo TRAIN』。この「Choo Choo」とは、英語で小さいお子さんが蒸気機関車の音を表現する擬音からきています。日本語だと「汽車ぽっぽ」の「ぽっぽ」に近いでしょうか。日米で音が異なるのが面白いですね。

ではここから、音楽のグループ名のネーミングシリーズ。新しいグループから懐かしいグループまで一気にどうぞ。

トータス松本さんをボーカルとするバンド「ウルフルズ」。この「ウルフル」とは、メンバーの家にあったレコードの帯にあった言葉「ソウルフル」から。その文字の改行の関係から「ウルフル」だけが目につき、バンド名にしたそうです。

3人組の音楽ユニット「TM NETWORK」。この「TM」は公式には「タイムマシン」の略とされていましたが、実際はメンバーが音楽活動を始めた東京都の「多摩」に由来しています。

『栄光の架け橋』『夏色』でおなじみの「ゆず」は、メンバーの2人がバイト先の食事会でデザートを食べた際、北川悠仁さんが「ゆずシャーベット」を食べたことから名付けられました。

「ケツメイシ」とは、中国の薬草「決明子《けつめいし》」のこと。下剤作用があるため、その効用から「すべてを出し尽くす」という意味も込められているのだとか。4人のメンバーのうち2人は東京薬科大学を卒業しており、薬剤師の免許もお持ちだそうです。

「GReeeN（グリーン）」は、「新人」「未熟者」という意味の英語「グリーンボーイ」からきているそうです。あのおなじみのロゴマークは、メンバー4人が歯学部出身であることから、綺麗な歯並びで笑顔に見えるように、メンバーの数と同じ4つの「e」を使ってデザインされました。

『粉雪』で有名な「レミオロメン」の「ロメン」とは「路面電車」のこと。実は、3人のメンバーの「好きなもの」を並べてバンド名にしたのです。3人が挙げたのは、イギリスのロックバンド・レディオヘッドの「レ」、当時の彼女と自分の名前から「ミオ」、そして路面電車の「ロメン」。全部合わせて「レミオロメン」になりました。

尾崎世界観さんがボーカルを務める「クリープハイプ」というバンド名の由来は何でしょう？　なんと、これはまったく意味のない言葉なのだそう。映画などのセリフで耳にした言葉を何となく並べて生まれたそうです。

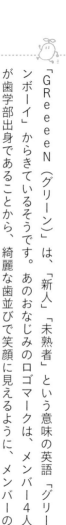

圧倒的な歌唱力で人気の「ONE OK ROCK」。この名前は、結成当初、リハーサルでスタジオ入りする時間がいつも午後1時だったことに由来するそうです。

さて、午後1時から2時間進めて、おやつの時間です。身近なお菓子やインスタント食品などのネーミングシリーズ！

ビスコの「ビス」は「ビスケット」、「コ」は「酵母」から。つまり「酵母入りビスケット」のことです。

「ビスコ」の頭に1文字加えると、お菓子メーカーの名前に。

「Nabisco」（ナビスコ）も略語。「National Biscuit Company（ナショナル・ビスケット・カンパニー）」という社名を略して「Nabisco」となりました。

では、「ビスコ」を販売している江崎グリコは？

「江崎」は創業者である江崎利《り》一《いち》氏の名字から。そして「グリコ」は商品に含まれる栄養素「グリコーゲン」の略。

「チロルチョコ」の名前は、美しい緑が豊かなアルプスのチロル地方のように、さわやかなイメージのお菓子でありたいとの願いから名付けられました。実は発売当初は、現在のチロルチョコを３つ並べたような「３つ山」の形でした。

「アポロチョコレート」の「アポロ」の由来は、１９６９年に人類初の月面着陸を成しとげた「アポロ11号」から、ではありません！　実は１９６６年に、すでに明治製菓が（ギリシャ神話の「アポロン」にちなんで）商標登録をしていたものをチョコレートの商品名にしたのです。

「宇宙」といえば「UFO」、「UFO」といえば「焼きそば」……というわけで、ここからインスタント焼きそばの由来、3連発です。

「日清焼そばU.F.O.」。この「U.F.O.」はパッケージの形が似ているからではなく、ある言葉の略語です。それは「Unidentified Flying Object（未確認飛行物体）」ではなく、「うまい」「太い」「大きい」の略。

「ペヤングソースやきそば」の「ペヤング」。こちらは単純に若者のカップル、つまり「ペア」の「ヤング」に食べてもらいたい、という願いから名付けられました。

かつては「ラーメン」、現在は「焼そば」が主力商品の「一平ちゃん」。人名とは関係がなく、「平成の時代で一番になりたい」との願いから名付けられました。もちろん、令和の時代になっても美味しいです！

人気のインスタント食品はほかにもたくさん。

「どん兵衛」の「どん」は「うどん」の略だけでなく、関西弁の「どんくさい」という意味も込められています。ほのぼのとした温かみ、親しみやすさ、頑固さを表現したネーミングです。

「ククレカレー」の「ククレ」とは「クックレス」、つまり「調理する手間がいらない」という意味。ちなみに「ボンカレー」の「ボン」はフランス語で「良い、美味しい」の意味。

では再び定番のお菓子のネーミングに戻ります。

「ハッピーターン」の発売は1976年。当時はオイルショックの影響を受けて日本中がとても不景気な時代。そんななか、「幸せ（ハッピー）がお客様に戻って（ターン）きますように」との願いから命名されました。

魚介類の形をした小さなスナック菓子「おっとっと」。この商品名は、お酒を注がれたときの「おっとっとっと……」と、魚を表す言葉「とと」から着想を得て命名されたといわれています。

お酒が出てきたところで、次は有名な酒造メーカー。

「サントリー」の社名の由来は、よく創業者・鳥井信治郎氏の「鳥井さん」をひっくり返して「さん鳥井」からきたともいわれますが、正しくは前身の鳥井商店が発売した大ヒット商品「赤玉ポートワイン」のラベルの赤玉を太陽（ｓｕｎ）に見立て、「ｓｕｎ」＋「鳥井」で「サントリー」になったのです。

焼酎などでおなじみの「宝酒造」。そもそも「宝」の語源は「穀物」ともいわれます。そのココロは「田から生まれる」。かけがえのない田畑の恵みを丁寧に商品に仕上げる、その精神から社名に「宝」を冠したそうです。

飲料メーカーの「サンガリア」。その社名の由来は、なんと中国・唐の有名な詩人、杜甫《とほ》の「国破れて山河あり」から。自然飲料を追求する企業の姿勢と、杜甫の詩の雰囲気がマッチしていることから、「山河あり」が「サンガリア」になったそうです。

ここからは有名なドリンクシリーズ。

「カルピス」の「カル」は牛乳に含まれる「カルシウム」のこと。「ピス」はサンスクリット語の「サルピス」。仏教では乳を精製する5つの段階を五味《ごみ》（下から、乳→酪→生酥《せいそ》→熟酥《じゅくそ》→醍醐《だいご》）といい、上から2番目の熟酥が「サルピス」。一番上の「醍醐」は「醍醐味」という言葉の語源になっていますね。

最初は「カルシウム」＋「醍醐（サルピルマンダ）」から「カルピル」と名付けようとしたのですが、音の響きの良さを優先して2番目の「熟酥

（サルピス）」をチョイスしたそうです。

「ヤクルト」とは、エスペラント語で「ヨーグルト」を意味する言葉「ヤフルト」を言いやすくアレンジした名前。このエスペラント語とは、ポーランド人の医師ザメンホフが世界共通語の一つとして考案した言語です。宮沢賢治の作品に登場する「イーハトーブ」も、エスペラント語で「岩手」のこと。

日本コカ・コーラの清涼飲料水「Ｑｏｏ（クー）」の由来は、大人がビールを飲み干した後に思わず発する「クーッ！」という声から。子どもだって美味しい飲み物を飲んで「クーッ！」といいたい、そんな気持ちを表現したネーミングです。

「元気ハツラツ！」のキャッチフレーズも有名な「オロナミンＣ」。この商品名の由来、一つは「ビタミンＣ」から。もう一つは、発売元である大塚製薬の看板商品、常備薬として有名な「オロナイン軟膏」からとられたのです。

「ドリンク」と「薬」から連想されるのが、こちらの飲み物。

「ペプシコーラ」を発明したのは、アメリカの薬剤師でした。その薬剤師キャレブ・ブラッドハム氏が、消化不良の治療薬を作ろうとして生まれたのがこの飲み物。胃液に含まれる消化酵素「ペプシン」から名前をとって「ペプシコーラ」になりました。実際、当初は薬局で製造・販売されていたのです。

では今度は、薬関係のネーミングをいくつか。

二日酔いの味方にもなる、液体の胃腸薬「ソルマック」。英語で「液体」を意味する「ソリューション」と、「胃」を意味する「ストマック」を合わせて名付けられました。

口内炎や肌荒れに効果がある「チョコラBB」。この「BB」は「ビタミンB_2」から。では「チョコラ」は？　なんと「チョコレート入りコーラ」のこと。創業者がこの飲料を考案している時に「チョコラ」の名称を商標登録、これを薬に採用したのです。飲料のほうは残念ながら商品化には至りませんでした。

もちろん「チョコラBB」にはチョコもコーラも含まれていません。では、その発売元である企業「エーザイ」の社名の由来は?

「エーザイ株式会社」、もともとは「日本衛材株式会社」という名前でした。「衛材」とは「衛生材料」のこと。1955年、これをカタカナにして社名にしました。カタカナにしたのは当時から海外を意識していたことの表れだそうです。

食べて、飲んで、薬を飲んで……最後は綺麗にテーブルや部屋をお掃除しましょう。

お掃除用品でおなじみの「ダスキン」ですが、当初は「株式会社ぞうきん」という社名が考えられていました。しかし社員の反対により、ぞうきんの英語名「ダストクロス」の「ダス」と、ぞうきんの「きん」を合わせて「ダスキン」になったのです。

最後になりますが、私の名前「大介」は、祖父の名前である「千文（ちふみ）」と漢字の画数が同じになるように……えっと、誰も聞いていないのでこの辺で！

社名
ぞうきん
ブー
ブー

Column 4 とっても深い「ピンポン」「ブー」の世界

最近はしばしばクイズ作家が行うようになった仕事があります。それがクイズの「正誤判定」。

まず、「ピンポン」と「ブー」（以下「ピンブー」と表記）を絶対に押し間違えてはならない、という大前提がありますが、それ以上に、答えが発せられてから「ピンブー」を押すまでの「間（ま）」が、番組によってまったくといっていいくらい異なるのです。即座に判定する番組もあれば、じっくりと溜める番組もある。一番いいタイミングで押して、解答者の感情、そして見ている方の緊張感を揺さぶらなければなりません。

こわいのは、正解と不正解のどちらとも取れる答えを言われた場合。判定に困る場面には、僕自身、何度も遭遇してきました。だからといって、その日の気分で（？）ピンブーを押すわけにはいきません。そんなときのためにどうするか。

実は、事前に問題のすべてに目を通し、1問1問、「もしもこの問題にこう答えられたら正解」「これは旧称なので不正解」「出題ナレーターの方に『正確にお答えください』と言ってもらう」など、何通りもの場合分けをしているのです。

究極の技として、「あー惜しい！　言葉足らずなので正解にできない」ことが解答者に伝われ！　とばかりに、あえて「何も押さない」こともあります。無音に気づいた解答者が、答えを軌道修正して即座に正解のワードを発して、晴れて「ピンポン♪」の音が響き渡る。このときのスタジオの緊張と緩和、皆さんがホッとする雰囲気には凄いものがあります。

自分でも不思議なのですが、涙が勝手に流れる瞬間があるのです。その番組は『99人の壁』。あの番組は、「このジャンルなら誰にも負けない！」という挑戦者が最後まで正解を重ねて「グランドスラム」の称号を得る番組。なぜか、その「好きを極めた」挑戦者が、最後の正解、つまりグランドスラムを達成する「ピンポン♪」を押す瞬間だけは、涙が溢れてしまうのです。

クイズ番組の裏側では、そんな悲喜交々のお仕事も隠れているのですが、テレビをご覧の皆さんは気にせず、ごく自然に番組にのめり込んでもらえたらうれしいです。

5章

季節の雑学

最後に、季節ごとの雑学を
紹介します。
365日、タイムリーな
ネタをどうぞ!

1月

1年で最初の1月1日。この日を一般に「元旦」と呼びますが、厳密にいえば、正しくは「元日」。元旦とは「1月1日の朝」のこと。「旦」という漢字は「お日さまが地平線から昇ってくるさま」を表しているのです。

お正月といえば「おせち料理」と「初日の出」。この両方に関係があるのが「かまぼこ」です。あの紅白の色は「日の出」を象徴しているといわれています。

「おせち料理」の「せち」を漢字ではどのように書くでしょう? 正解は「節」。季節の変わり目、節句の日に食べられる料理のことを「御節料理」と呼び、現在では節句の1番目にあたる正月の料理を表すようになりました。

おせち料理が重箱に入れられるのは、「めでたいことが重なるように」との縁起を担いで。上から順番に「一の重」「二の重」「三の重」と呼びますが、4段目の重箱は「四＝死」の連想を避けて「与《よ》の重」と呼ばれるのが一般的。日本ならではの文化ですね。

お正月の料理といえば「お雑煮」もあります。江戸時代、武士は雑煮を食べるときにまず野菜から食べていました。その理由は、「箸で菜（な）を持ちあげる」ことが「名を上げる」につながると考えられていたためです。

お年玉を入れる小さな袋のことを「ぽち袋」といいます。ぽち袋の由来は諸説ありますが、関西で舞妓さんに与えていた祝儀袋から来たともいわれ、謙虚に「これっぽちですが……」と渡していたことから「ぽち袋」と呼ばれるようになった

とか。

お正月に見る初夢は、一般に1月2日の夜に見るものをいいます。縁起がいいのが「一富士、二鷹、三茄子」。富士山は高くて大きい、鷹は物をつかみ取る、茄子はものごとを「成す」に通じる、のが縁起がいい理由の1つといわれます。4番目、5番目、6番目に縁起がいいのは……1章に書いた通り。

縁起のいい夢を見るには、枕の下に「和歌を添えた宝船の絵」を敷くとよいといわれます。その和歌は「長き夜の　遠の眠りの　皆目覚め　波乗り船の　音の良きかな（なかきよの　とおのねふりの　みなめさめ　なみのりふねの　おとのよきかな）」。皆さん気付かれましたか？　なんとこの和歌、回文《かいぶん》になっています。

1月には成人式があります。日本でもおなじみになった「バンジージャンプ」、もともとは太平洋の島国であるバヌアツ共和国で行われていた成人の儀式（通過儀礼）でした。

バヌアツ共和国といえば、マメ知識の世界では「エロマンガ島」がある国としてあまりにも有名。マンガ界の巨匠、手塚治虫先生はエロマンガ島に実際に行ったことがあるそうです。

1月22日は「ジャズの日」とされています。ジャズは英語で「JAZZ」と書きますが、これを2つに分解すると、「JA」は1月（January）の最初の2文字、「ZZ」は数字の「22」に似ていることから。結構強引な、いや面白い理由から決められた記念日も多いのです。

2月

2月の別名「如月（きさらぎ）」。寒い季節なので、「着物を更に着る」＝「着更

着（きさらぎ）」を語源とする説が有力です。

2月3日は節分。実は「節分」は立春、立夏、立秋、立冬の前日を指す言葉。つまり年に4回あるのです。節分は「季節の分かれ目」と書きますね。夏・秋・冬の節分のことも、ちょっぴり思い出してあげたいものです。

節分といえば「豆まき」。なぜ「豆」なのかというと、魔物を滅ぼす、つまり「魔滅（まめつ）」に通じるから、といわれます。ちなみに、煎り豆をまく習慣があるのは、すぐに食べられるように……ではなく、拾い忘れた豆から芽が出るのを防ぐため。

最近すっかり定着した節分の「恵方巻」。正しくはカンピョウやキュウリ、玉子など7種類の具を巻いて食べるのがいいそうです。これは七福神にちなみ、福を巻き込んで自分の中に入れるということから。7種類の原料から作る「福神漬」

に通じるものがありますね。

恵方巻を「丸かじり寿司」としてコンビニで初めて販売したのがファミリーマート。その後、平成元年（1989年）に「恵方巻」という名前を付けたのがセブンイレブンです。

2月22日は「猫の日」とされています。その理由は、鳴き声の「ニャー、ニャー、ニャー」の語呂合わせから。ちなみに「犬の日」は「ワン、ワン、ワン」から11月1日とされています。1月11日ではないので注意！

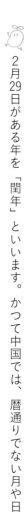

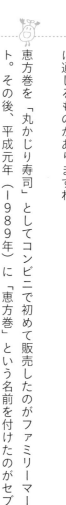

2月には限りませんが、毎月22日は「ショートケーキの日」です。さて、一体なぜでしょう？　ヒントは1か月単位のカレンダー。22日の上を見てみると、15日になっています。そう、上に15（イチゴ）が乗っているからなんです。

2月29日がある年を「閏年」といいます。かつて中国では、暦通りでない月や日は、王は政務をせず門の中に閉じこもりました。その様子を表した漢字が「閏」。「潤う」という字に似ているので、日本では「うるおう」に似た「うるう」の読みを「閏」の字に当てたといわれています。

3月

3月3日はひな祭り。ひな飾りの中でも色鮮やかな、赤・白・緑の「ひし餅」。あの色には、「赤＝桃の花」「白＝純白の雪」「緑＝新緑」の意味があるそうです。地上には桃の花が咲き、地面の雪の下には新芽が芽吹いている、そんな春の情景をイメージしているのです。

3月の別名といえば「弥生」。実は弥生式土器が発見されたのは3月です。そこから名前が付いたのかと思いきや、弥生式土器の「弥生」とは発見場所である東京都文京区の地名。３月に発見されたのは単なる偶然でした。

現在は『ルパン３世』の声優としてもおなじみのものまね四天王、栗田貫一さんは昭和33年３月３日生まれ。平成３年３月３日には33歳の、令和３年３月３日には65歳の誕生日をお迎えになりました。ちなみに、栗田さんがフジテレビ『ものまね王座決定戦』のトーナメントで優勝された回数も、３回。

『３月９日』というレミオロメンの曲が、最近ではよく卒業式などで歌われ、定番の卒業ソングとして知られています。ところが、この日付はメンバー共通の友人の結婚記念日。実はこの曲は「結婚」を祝うために作られたのです。

３月14日といえばホワイトデー。バレンタインデーはアメリカで生まれましたが、ホワイトデーは日本生まれ。昭和53年に、全国飴菓子工業協同組合が飴業界の売り上げを伸ばすためにバレンタインのお返しに着目した、とする説が有力です。

３月の下旬ごろといえばお花見のシーズン。東京の桜の名所である隅田川は、徳川８代将軍の吉宗がプロデュースしたという説があります。隅田川の土手に桜を植えることで、土手の中に桜の根が張り、花見客が踏みしめることで土手を強化しようと考えたという説が残っています。

３月は英語でマーチといいます。ロッテのロングセラー「コアラのマーチ」が販売されたのは、１９８４年の３月のことでした。

今、なんとなく調べてみてビックリしました（笑）。
自動車の日産マーチは１０月でした。

4月1日はエイプリルフール。1年の中で、この日だけは「嘘をついてよい日」といわれますが、正確には、嘘をついてよいのは「午前中」だけです。

小学校などでの早生まれと遅生まれ。その境目は4月の1日と2日のあいだにあります。なぜでしょう？　実は法律では「満年齢は誕生日の前日に1つ増える」「満6歳で初めて迎える4月1日に入学する」と決まっています。つまり4月1日生まれの人は3月31日に満年齢が増えるので、早生まれに入るのです。

法律上では満年齢が1つ増えるのは、誕生日の前日の24時。

4月の別名は「卯月」。これは卯の花が咲く季節ということで名付けられたとされますが、面白い説もあります。それは十二支の順番。「子・丑・寅・卯……」と、「卯」が4番目にくることから月に当てはめて「卯月」になったとも（稀に）いわれるのです。

4月8日は「花祭り」で、お釈迦様の誕生日。ものごとがダメになることを「おシャカになる」というのは、この行事に関連しています。鋳物《いもの》職人が物を作るときに、火が強すぎて作品を駄目にしてしまう……「火が強か」→「ひがつよか」→「しがつようか」→「四月八日」……おシャカにつながりました！

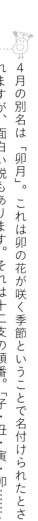

4月14日は韓国では「ブラックデー」と呼ばれます。2か月前のバレンタインデー、1か月前のホワイトデーで恋人ができなかった人たちが黒い服を着て集まり、黒い餡をかけた麺やブラックコーヒーを飲食するという謎の1日です。

4月下旬からゴールデンウィークに入ります。この「ゴールデンウィーク」という言葉を作ったのは映画業界の方々。映画『自由学校』という作品がこの時期に大ヒットしたため、当時の大映の専務が宣伝文句としてこの言葉を作ったのです。

ゴールデンウィーク最初の祝日は「昭和の日」。さて、昭和2年生まれの男性で最も多い名前は、年号にちなんで「昭二」、昭和3年では「昭三」でした。しかし昭和元年は「昭一」ではありませんでした（1位は「清」）。昭和元年は7日間しかなかったからです。

「昭和塔」。これは、かつて東京タワーの名称を一般公募したときに一番応募が多かった候補。ほかにも「プリンス塔」「きりん塔」などユニークな名前がありましたが、結局「単純明快が一番！」という理由から「東京タワー」に決定しました。

5月5日は端午の節句。鯉のぼりはかつて黒と赤しかありませんでしたが、昭和39年を境に色とりどりの鯉が誕生しました。そのきっかけとなったのが昭和の「東京オリンピック」。カラーテレビで五輪マークを見た鯉のぼり職人が、その色合いをヒントに作ったのが始まりだそうです。

意外に誤解されていますが、「こいのぼり」は、「鯉上り」でも「鯉登り」でもなく、「鯉幟」です。旗に似ているほうの「幟」です。

端午の節句には「菖蒲（しょうぶ）湯」に入る習慣がありますが、それは「菖

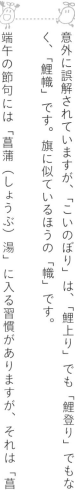

蒲」が「尚武（しょうぶ）＝武道を重んじること」、さらには「勝負」に通じるためといわれます。まさに男の子の節句ですね。

「こどもの日」は、法律的には子どものための日ではなく、「母に感謝する日」です。これを読んでいるお子さんたち、ガッカリしないように！

5月4日は「みどりの日」。この日だけ、いつもはブルーを基調とした毎日新聞の題字の部分が、グリーンになります。

5月の第2日曜日は「母の日」。この「母」という漢字は、お母さんが赤ん坊を抱っこしている姿を表したもの。漢字の中にある2つの点は、お母さんの乳房を表しています。また、イチゴを表す漢字（苺）に「母」の字が使われているのは、イチゴの実が乳首に似ているから、という説があります。

ちなみに、ラテン語の「母（mater）」と「海（mare）」は語源を同じくします。

「母なる海」などといいますが、漢字の「海」の中にも「母」が含まれていますし、「海」は「生み」にも通じますし、よくできていますね。

6月といえば梅雨の季節。ジメジメとして黴《かび》や黴菌《ばいきん》が多くなる季節であることから、昔、中国では「黴雨《ばいう》」と呼ばれていました。しかし「黴」ではあまりにもイメージが悪すぎるため、同じく「バイ」と読む「梅」の字を当てて「梅雨」としたそうです。

雨の多い季節にはカタツムリをよく見かけますが、ブロック塀にいるカタツムリは何をしているのでしょうか？　正解は「食べている」！　ブロック塀に含まれるカルシウムなどの養分を摂取しているのです。ちなみにカタツムリには1万本以上もの歯があるといわれます。

雨の多い日などに吊るす「てるてる坊主」。無事に願いがかなって晴天になった場合には、てるてる坊主に瞳を描き入れて、お酒を供え、川に流してあげるのが作法とされています。

童謡「てるてる坊主」の3番の歌詞では、もし晴れなかった場合には「そなたの首をチョンと切るぞ」という残酷なストーリーが歌われています。

カタツムリの別名「でんでん虫」の「でんでん」とは「出ろ！ 出ろ！」という意味。殻の中にいるカタツムリに対する子どもたちの命令口調が、虫の名前になったのですね。

梅雨の時期に見かける生き物といえば「アメンボ」もいます。この「アメ」は、「雨」ではなく「飴」のこと。アメンボは体から飴のような甘い匂いを出すため、

「飴の坊」から「アメンボ」となりました。
ちなみにサンショウウオも、体のイボに触れると、山椒に似たにおいの液体を出すことから名前がつきました。

7月

年に1回、7月7日の七夕の日に逢うことができる「彦星」と「織姫」。実はこの2人の関係は、恋人ではなくて「夫婦」です。夫婦仲が良すぎて、彦星は牛を牽《ひ》かず、織姫は機織《はたお》りをしません。仕事をしない2人に怒った天帝は、天の川で2人を隔てて離れ離れにしたのです。

日本初の乳酸菌飲料「カルピス」は1919年7月7日に発売されました。パッケージの水玉模様は、発売日にちなんで、天の川がモチーフ。現在のパッケージの色を反転させたようなデザインでした。

カルピスを飲んだときに、喉にたまる白い物体。その正体は、カルピスに含まれるたんぱく質「カゼイン」と、唾液に含まれる「ムチン」が反応してできたもの。（個人差はありますが）大人になると唾液の量も減るので、あの白い物体の量も減るそうです。

七夕の短冊には今ではさまざまな願いごとを書きますが、もともとはサトイモの葉にたまった夜露で墨を磨《す》り、その墨を使って短冊に文字を書いて「字が上手になりますように」と願う風習が始まりでした。

7月10日は「植物油ゆかりの日」という記念日。その理由は、数字の「7－10」にあります。数字を上下ひっくり返してみると……見事にアルファベット3文字の「OIL」になります。

ちなみに、株式会社LIONは、「LION」だけでなく、その4文字を上下ひっくり返した「NOI7（ナンバー17）」という数字も商標登録しています。

夏といえばプール開きの時期。プールの水面を区切っているコースロープは、なぜ両端だけ色が異なっているのでしょう？　あれは背泳ぎの選手がタッチやターンのタイミングを計りやすくするため。コースロープが単色の場合は、天井に旗があったりします。

7月14日はフランス革命記念日。フランス国旗の3色旗は3等分に見えますが、厳密には異なります。左から青は30％、白は33％、赤が37％。これは国旗が風にはためいたとき、3色の面積が同じに見えるようにするためなのです。

同様の例。バングラデシュの国旗は「緑地に赤丸」と、日の丸によく似ていますが、赤丸が左に少しずれています。これも国旗が風にはためいたとき、赤丸が中央の位置に見えるようにとの配慮からずれているのです。

土用の丑《うし》の日といえばウナギ。ウナギは蒲焼きで食べられることはあっても、刺身など生で食べることはほとんどありません。その理由は、ウナギの血液には「イクシオトキシン」という毒素が含まれているため。この毒は火に弱いので、焼いたり煮たりすれば食べられるのです。

ウナギは皮膚呼吸をしているため、陸上でも少し長く生きられます。よく似た形のドジョウは、皮膚呼吸に加えて、腸でも呼吸しています。

8月

「朔（さく）」という漢字は「ついたち」とも読みます。旧暦の8月1日ごろに食

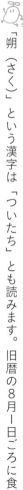

べられる、ということから名付けられた柑橘類が、「八朔（はっさく）」です。

日本の詩人・萩原朔太郎は、「1日生まれ」で「長男」であることが名前「朔太郎」からわかります。ちなみに誕生日は11月1日。「ワン！　ワン！　ワン！」で犬の日の生まれ。

そういえば萩原朔太郎の代表作に『月に吠える』がありますね。ワン！

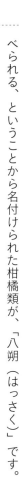

8月8日は、1年の中で「日本記念日協会」が定める記念日が一番多い日。たとえば、その形（漢数字の八）から「屋根の日」、その音（パチパチ）から「そろばんの日」、イニシャルがBBで88に似ていることから「ブルーベリーの日」などズラッと並びます。8が並ぶので、「歯並びの日」でもあります。

8月13日は、ずばり「夜景の日」。語呂合わせで決まった日付なのですが、その由来はわかりますか？「8」は「や」ですね。ではなぜ「13」が「けい」なのでしょう？　ヒントはトランプ。そう、トランプの13は「K（キング）」ということで「やK‼夜景」から8月13日となりました。

甲子園で熱闘が繰り広げられる夏の高校野球。実は、かつて高校野球にも「敗者復活戦」がありました。選手の入場行進を初めて行い、大会の威厳が増した第3回大会（大正6年）。1回戦で敗れ、敗者復活で勝ち上がった愛知一中は、何とその勢いのまま優勝！　不評により敗者復活はこの年限りで廃止されました。

8月に放送される日本テレビの『24時間テレビ』。収録がよく行われる日本武道館の大屋根のなだらかさは、富士山の稜線を意識して設計されています。

夏に美味しい冷やし中華。てっぺんから放射状に具を盛り付けるアイデアのヒントになったのも富士山だったそうです。

夏休みの宿題の定番といえば、アサガオの観察日記。実はアサガオには体内時計と呼べるものがあり、花を咲かせるのは、日没から約10時間後です。

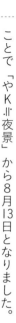

9月

9月1日は防災の日。学校の防災訓練で防災ずきんをかぶった経験のある人も多いはず。実は、意外な場所にも防災ずきんが備え付けられています。それは、国会の衆議院本会議場の椅子の下。天井にステンドグラスがあり、不慮の事故でガラスの破片が落ちてきてしまった場合に備えるためのものです。

秋といえば、「♪夕焼小焼の赤とんぼ～」と歌われる童謡があります。作曲者は山田耕筰《こうさく》。この音楽家は、もともと自分の髪の毛が薄かったのを悩み、名前の「作」の字にカタカナの「ケ=毛」を2つ足して「筰」としたのです。

9月の第3月曜日は「敬老の日」。戦後すぐの昭和22年には「としよりの日」として始まりました。その後、もうちょっと良い表現はないか、ということで昭和39年に「老人の日」に。さらに変化して「敬老の日」となりました。

老人の「老」という漢字。右下の「ヒ」のような部分は「杖」を表しています。それ以外の部分は、お年寄りの曲がった体を表したもの。では、杖の替わりに「子」、つまり子どもにおんぶさせてみると……「孝」という漢字になります！　親孝行の孝ですね。

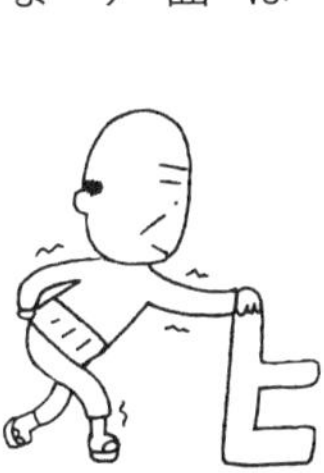

10月

10月の別名は「神無月（かんなづき）」といいます。これは、日本全国の神様が出雲大社に集まって1年のことを話し合うため、地元からいなくなることからつ

いた名称。ちなみに神々の集まる出雲地方では10月を「神在月（かみありづき）」と呼んでいます。

誰かを無視することを「シカト」といいますが、この言葉は10月に関係しています。花札で十月の札に描かれているのはモミジと「鹿」。この鹿が、まるでそっぽを向いているように見えることから、「鹿・十（しか・とお）」で「シカト」になったといわれています。

10月10日は目の愛護デー。数字の「10」を真横に倒すと、眉毛と目の形になるところから作られた記念日です。同じ発想で、10月11日は「ウインクの日」にもなっています。たしかに数字を真横にすると片目をつぶっているように見えますよね。

日本に初めて眼鏡を持ち込んだのは、宣教師のフランシスコ・ザビエル。キリスト教だけではなかったのですね。ちなみに日本にネクタイを持ち込んだのは土佐の漁師のジョン万次郎です。

10月の第2月曜日といえば「スポーツの日」、スポーツの日といえば運動会。日本初の運動会では、走り幅跳びは「トビウオの波切り」、走り高跳びは「ボラの網越え」という名前で、やけに魚が登場していました。かたや二人三脚は「蝶の花追い」という美しい名前。たしかに、後ろから見ると蝶の動きに似ています。

厳密には「10月」の話題ではないのですが、人の妊娠期間をいう「十月十日」。赤ちゃんができてから人生の朝を体験するまでの時間です。この「十月十日」、偶然にも漢字を組み立てて1文字にすると、「朝」という漢字に！

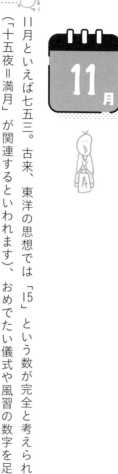

11月

11月といえば七五三。古来、東洋の思想では「15」という数が完全と考えられ（「十五夜＝満月」が関連するといわれます）、おめでたい儀式や風習の数字を足すと15になります。「七五三」も合計すると15、結婚式での「三三九度」も合計すると15ですね。

京都の龍安寺には「虎の子渡し」と呼ばれる石庭があります。15の石が配置されているのですが、どの角度から見ても1個隠れてしまい、一度に全部を見るのは不可能。これは「不完全さ」の象徴ともいわれています。

不完全の象徴といえば、国会議事堂の中央広間。議会政治の基礎を作るのに功績のあった方々を載せる銅像の台座が4つあります。載っているのは板垣退助、大隈重信、伊藤博文、そして……誰も載っていない台座が1つ。これは「政治に完成はない、未完の象徴」を意味します。

七五三といえば千歳飴。飴は引っ張ると伸びることから、子どもたちの「長寿」を願う縁起物として、細く長い形をしています。袋には長寿の象徴として「鶴と亀」が描かれ、名前自体にも「千歳」という言葉が付いていますね。

11月11日は「電池の日」。数字の「11」を漢数字で書くと「十一」、これを乾電池のプラス極とマイナス極に見立てた記念日です。ちなみに、12月12日は電池の親戚である「バッテリーの日」。日付の由来は、野球の守備位置で1（投手）と2（捕手）を合わせて「バッテリー」と呼ぶことから。

11月20日は「ピザの日」。ピザで有名なのが「マルゲリータ」。これはイタリア王妃の名前で、バジルの緑、モッツァレラの白、トマトの赤、とイタリア国旗の3色が鮮やかです。そんな王妃の誕生日が11月20日だったことからピザの日になりました。

日本の宅配ピザチェーン、「PIZZA-LA（ピザーラ）」の「ラ」は、何の「ラ」でしょう？　正解は「ゴジラ」。ゴジラのように大きな会社に育ってほしいとの願いから。ちなみに、そんな「ゴジラ」は、2つの大きい動物「ゴリラ」と「クジラ」を合わせて命名されました。

11月の第3木曜日は、ボジョレー・ヌーボーの世界共通の解禁日です。もともと、解禁日はフランスによって11月15日と決められていたのですが、この日が休日に当たるとワインの運搬業者がお休みになってしまうため、1985年に第3木曜

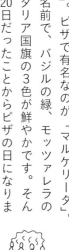

日と法改正されました。

なぜ、ワインは横に寝かせて貯蔵するのでしょうか？　その理由は、コルクの栓をワインで湿らせるため。コルクは乾燥すると収縮して弾力性を失ってしまい、空気を通しやすくしてしまいます。その結果、酸化に弱いワインの味を損ねてしまうのです。

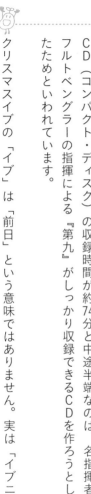

12月

12月の代表的な別名は「師走」。僧侶が走りまわるほど忙しい時期、ということから名付けられたとする説が有力です。ほかにも「1年が果てる」→「年果つ（としはつ）」が変化した、とする説もあるようです。

年末になると、ベートーベンの『交響曲第九番』をよく耳にします。ところで、CD（コンパクト・ディスク）の収録時間が約74分と中途半端なのは、名指揮者フルトベングラーの指揮による『第九』がしっかり収録できるCDを作ろうとしたためといわれています。

クリスマスイブの「イブ」は「前日」という意味ではありません。実は「イブニング」のこと。もともとユダヤ教の世界では、日没から1日が始まると考えていました。つまり、12月24日の晩は本来は「クリスマスの1日の始まり」くらいの時間帯なのです。23日をイブイブと呼ぶのは誤り！

クリスマスの誤解をもう1つ。よくこの時期に店先などで「X'mas」の文字列を見かけますが、これは誤り。この「X」はギリシャ語「クリストス（救世主の意味）」の頭文字で、アポストロフィは付きません。正しくは「Xmas」。ちなみに、この「mas」は「ミサ（礼拝）」という意味です。

サンタクロースといえば、おなじみの赤と白の服。このコーディネートは、1931年にコカ・コーラ社が自社のカラーである「赤」と「白」の衣装を着せたサンタクロースを広告に載せたことから、世界中に広まっていったといわれています。

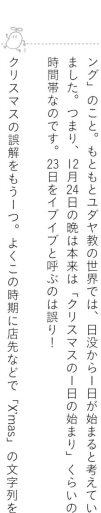

クリスマスといえばプレゼント。前夜に靴下をぶら下げますが、一体なぜ靴下なのでしょう？　実はその昔、サンタさんのモデル・聖《セント》ニコラウスが、ある貧しい家族の煙突にコインを投げ入れたところ、暖炉に干してあった靴下の中に見事にイン！　家族は翌朝、靴下を見て大喜び！　この逸話が広まったのです。

大晦日《おおみそか》の風物詩『ＮＨＫ紅白歌合戦』。実は１年に２回行われた年もありました。もともと紅白は、１９５３年の第３回までは、お正月のラジオ番組でした。その同じ年、テレビ放送の開始に伴ってＮＨＫホールで大晦日に開催され、以降その形式が定着。この１９５３年が唯一、紅白が２回あった年でした。

年越しに煩悩の数だけ撞かれる除夜の鐘。大晦日には、除夜の鐘は何回撞くのが正しいでしょうか？　「１０８回」と答えた方、残念！　正解は「１０７回」。正

式には大晦日に107回撞いて、年を越して1回撞くのが作法とされています。
というわけで煩悩に負けずに、何とか四苦八苦しながら雑学を書き上げました。ありがとうございました。実は、煩悩と四苦八苦にも面白い関係が……。煩悩の数は108。四苦八苦を九九に分解すると、四苦（4×9＝36）と八苦（8×9＝72）、合わせると108になります。

カードゲームの「UNO」の枚数もちょうど108枚。しかし名前の「UNO」自体はイタリア語で「1」という意味です。というわけで1番目の雑学に戻って復習してみましょう！（「一か八か」の語源、覚えてますか？）

Column 5

雑学は役に立つのか？

「それを知っているのはスゴイかもしれないけどさぁ、日常で何の役に立つの？」

私がクイズを趣味として始めて20年、クイズ作家になって6年が経ちましたが、何度となく言われ、耳にするたびに悲しくなる言葉です。

こんなの答えは決まっています。

「雑学やクイズのための知識は、日常では役に立ちません」

まあ、美味しいカボチャが見分けられたり、興味の幅が広がってお気に入りの映画が見つかったり、といった効能（？）はあるかもしれません。でもそれはあくまで二次的な側面です。雑学は知って楽しむ。それだけです。

クイズについて言えば、「クイズが出されて、それに答える」。たったこれだけに集約されます。正解すれば気持ちいいし、正解できなかった場合はちょっぴり悔しい思いをして、次のチャンスを待つ。ただ、それだけのゲーム（競技）です。

私が生まれて初めて「知識」というものに、「へぇー」という感情を持ったのは、確か小学3年生の頃でした。

「オリンピックのシンボルマーク、五輪の形は一筆書きできる」

あの「ニューヨークへ行きたいかーッ!」のフレーズでおなじみ、『アメリカ横断ウルトラクイズ』で出題された「○×クイズ」です（正解は「○」）。

正解発表後、後楽園球場に集まった1万人以上の大観衆の前で、五輪マークの一筆書きを実演する司会の福留功男さんを見て、子ども心に「なんだかわからないけど、すげぇ!」と思いました。そして気がつけばクイズ作家になっていました。

「雑学」。今では「トリビア」「うんちく」「豆知識」……さまざまな呼び名がありますが、いずれも「これを言って人気者になろう!」などと邪念を抱くようなものではありません。

普段ちょっと気付いた面白いことを、いかにベストなタイミングでさりげなく言えるか。相手が一瞬でも「ちょっと面白いね!」といって喜んでもらえたらそれで十分。「あれ? さっきの話、すごく人に言いたかったんだけど、何だっけ? 忘れちゃった!」……こういう反応が、実は僕には一番うれしいのです。

おわりに

最後まで読んでいただき、ありがとうございました。皆さんの心にグッときた雑学はありましたか？

この本は『クイズ作家が教える「マメちく」の本』として今から10年近く前に刊行された本が元になっていますが、その文庫化にあたりネタを再点検してみたところ、この10年でいろんなことが変わっていることを痛感しました。以前は「お昼休み」の項に『笑っていいとも！』のネタを入れていましたが、２０１４年に番組が終了。時の流れを感じました。雑学の主流な「説」も、どんどん入れ替わっています。

でも、知ることの面白さは不変であり、普遍なものだと思います。雑学は文字通り、雑多な学び。でも人に話したくなるようなコミュニケーションツールでもあります。**「役に立たない知識こそ、人を楽しませることができる」**というポリシーが、この本の根幹でもあります（これは本職の「クイズ」でも同じように思います）。

学生や社会人として知っておくべき教養もあると思いますが、「知っておくとちょっぴりお得」といった雑学は、きっと日常生活に潤いを与えてくれるものと信じてやみません。

それでは皆さん、またどこかでお会いしましょう！　さようなら！

「さようなら」という挨拶は、略語です。「左様ならば、おいとま申す」という古い言い回しの最初の5文字が、別れを告げる言葉となって残りました。

日高大介

本書は、飛鳥新社より刊行された『クイズ作家が教える「マメちく」の本』を、文庫収録にあたり加筆・改筆、改題したものです。

日高大介（ひだか・だいすけ）
１９７７年宮崎県宮崎市生まれ、静岡県浜松市育ち。クイズ作家。

現在は主に『クイズプレゼンバラエティーQさま!!』（テレビ朝日系）や『超逆境クイズバトル!! 99人の壁』（フジテレビ系）などの番組を担当し、今まで手掛けた番組は70本以上。膨大な知識量を持ち、クイズ解答者としても『パネルクイズ・アタック25』（朝日放送系）優勝、『タイムショック21』（テレビ朝日系）トップ賞などの実績を誇る。長年クイズ業界を支えてきた一人として２０２１年に『プロフェッショナル　仕事の流儀』（ＮＨＫ）に出演。クイズの作成者、解答者、クイズイベントの主催など、様々なメディアで活躍中。

著書に『クイズ王の「超効率」勉強法』（ＰＨＰ研究所）がある。

著者 Twitter　@hdkdisk

知的生きかた文庫

大人気《だいにんき》クイズ作家《さっか》が教《おし》える！　10秒雑学《びょうざつがく》

著　者　日《ひ》高《だか》大《だい》介《すけ》
発行者　押鐘太陽
発行所　株式会社三笠書房
〒一〇二―〇〇七二　東京都千代田区飯田橋三―三―一
電話〇三―五二二六―五七三四〈営業部〉
　　〇三―五二二六―五七三一〈編集部〉
https://www.mikasashobo.co.jp
印刷　誠宏印刷
製本　若林製本工場

ISBN978-4-8379-8780-2 C0130

知的生きかた文庫

心配事の9割は起こらない

枡野俊明

余計な悩みを抱えないように、他人の価値観に振り回されないように、無駄なものをそぎ落として、限りなくシンプルに生きる——禅が教えてくれる、48のこと。

仕事も人間関係もうまくいく放っておく力

枡野俊明

いちいち気にしない。反応しない。関わらない——。わずらわしいことを最小限に抑えて、人生をより楽しく、快適に、健やかに生きるための、99のヒント。

禅、シンプル生活のすすめ

枡野俊明

求めない、こだわらない、とらわれない——「世界が尊敬する日本人100人」に選出された著者が説く、ラク〜に生きる人生のコツ。開いたページに「答え」があります。

気にしない練習

名取芳彦

「気にしない人」になるには、ちょっとした練習が必要。仏教的な視点から、うつうつ、イライラ、クヨクヨを〝放念する〟心のトレーニング法を紹介します。

超訳 般若心経 〝すべて〟の悩みが小さく見えてくる

境野勝悟

般若心経には、〝あらゆる悩み〟を解消する知恵がつまっている。小さなことにとらわれず、毎日楽しく幸せに生きるためのヒントをわかりやすく〝超訳〟で解説。

C50434

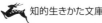

C50429